대행선사의 관법수행

대행선사의 관법수행

청강 지음

운주사

서문

자성삼보에 귀의하옵니다.

대행선사는 일찍이 위법망구의 정신으로 뼈를 깎고 살을 에는 고행을 통하여 참된 진리를 발견하였습니다. 선사는 한마음선원을 설립하여 이렇게 터득한 진리를 일반인들을 위해 자비스런 마음으로 모든 중생들이 모든 고통에서 벗어나 깨달음을 이루었으면 하는 불보살의 대원력을 실천궁행 하였습니다. 그러한 방편 중의 하나로 관법수행을 간결하게 가르쳤고, 그의 출가제자들에게도 신도들에게 관법만을 가르칠 것을 당부하였습니다. 선사가 제시하는 관법수행은 바쁘게 살아가는 현대인들이 생활 속에서 자신이 처한 문제들을 스스로 해결할 수 있도록 제시하는 생활참선입니다.

이 책은 필자의 박사학위 논문 「대행의 관법의 관한 연구」 중에서 대행선사가 제시한 관법의 실천수행을 요약해 놓은 것입니다. 선사의 관법수행을 요약하면, 믿음과 놓음, 그리고 지켜봄이라 할 수 있고, 이 과정에서 선사가 제시하는 견성, 둘 아닌 도리, 그리고 나툼의 도리까지 실천할 수 있습니다. 선사가 제시하는 관법수행에는 석존께서 수행하고 가르쳤던 위빠사나 수행에서부터 중국선에 이르는 수행법을 두루 내포하고 있습니다.

이 책을 통하여 자신을 정화하고, 나아가 사회와 국가 그리고 세계가 고통에서 벗어나 행복한 삶을 얻기를 기원합니다.

한마음주인공

불기 2562(2018)년 8월

비구 청강 합장

서문   5

제1장 관법의 정의   9

제2장 관법의 원리   13

   제1절 한마음주인공 관법의 원리   17

   제2절 한생각 지혜의 관법 원리   20
      1. 한생각의 정의   21
      2. 한생각의 중요성   27
      3. 한생각 내는 법   34
      4. 한생각의 공덕과 능력   38

   제3절 나툼 관법의 원리   43
      1. 화신·보현행의 실천   44
      2. 화신·보현행의 요소   49

제3장 선사의 관법수행　　53

제1절 믿음의 관법수행　　55
1. 믿음의 의미와 대상　　55
2. 믿음의 기준　　61
3. 못 믿는 이유　　67
4. 믿음의 공덕　　72

제2절 놓음의 관법수행　　74
1. 놓음의 의미와 대상　　76
2. 놓음의 종류　　82
　1) 되놓음　　85
　2) 몰록 놓음　　88
　3) 굴려 놓음　　90
　4) 양면을 놓음　　93
3. 놓음의 공덕　　96

제3절 지켜봄(觀)의 관법수행　　101
1. 지켜봄(觀)의 의미와 대상　　101
2. 지켜봄(觀)의 과정　　105
3. 지켜봄(觀)의 제상諸相　　109
　1) 일심관에 대해　　110
　2) 불이관에 대해　　113
　3) 무심관에 대해　　119

제1장 관법의 정의

선사가 제시한 '관법'은 자신의 독특한 체험을 바탕으로 하고 있어서 당시 한국불교에서는 새로운 것이었지만, 사실 관법은 부처님 당시부터 지금에 이르기까지 시대를 초월하여 지속적으로 이어온 수행법이다.

선사는 "관하는 법만 알면, 다시 말해 일상생활에서 닥치는 모든 문제를 주인공에 믿고 놓아 지켜볼 수 있다면 일체를 용도대로 처리해 나갈 수 있다."고 하여 관법의 중요성에 대해 설하였다. 하지만 '관법'에 대한 정의나 수행 방법에 대한 이론 체계를 명시적으로 제시해 놓지 않았다. 그 이유는 재가자들이 사회생활을 하면서 이론적인 것을 자세하게 배우는 데에도 한계가 있을 뿐 아니라, 너무 이론적으로 가다보면 수행의 핵심을 놓쳐 아상我相만 키울 수 있다는 우려 때문이었다.

선사는 평소 수행자들에게 신도들을 지도할 때는 관법을 중점으로 하라고 강조하였는데, 선사가 말하는 관법은 매우 포괄적이다. 그 이유는 선사가 법문할 때 관법 전체를 설하기보다는 시간과 장소, 그리고 상대방의 근기에 맞게 다양하게 설했기 때문이다. 이처럼 선사가 설하는 관법이 상황에 따라 다르므로 수행자들이 관법을 정립하는 데 혼선이 있을 수밖에 없다.

그렇다면 선사의 '관법'은 어떻게 정의할 수 있을까? 우선 '관법'에 관한 정의를 구체적으로 접근하기에 앞서 여기에서 지칭하는 관법은 협의의 관법이 아닌 광의의 관법임을 전제하고자 한다. 여기서 협의는 '지켜보는 관법'만을 말하는 것이고, 광의는 선사가 제시하고 있는 전체적인 관법의 수행 체계를 말한다. 광의의 관법에는 '믿음'과 '놓음'과 '지켜보기'가 포함된다. 이러한 광의의 관법을 정의하기 위하여 여러 상황에 따라 부분적으로 설해진 관법의 내용들을 모아 선사가 말하는 관법을 정의해 보기로 한다.

선사의 관법은 '본래성불'사상에 입각하여 일체제불과 모든 생명이 함께 하고 있는 주인공主人空을 진실히 믿고 일체를 주인공에 놓는데, 잘된 것은 감사하게 놓고 잘못된

것은 잘 다스려 놓으면서 이를 지켜보면서 체험하는 것이다. 이러한 과정 중에 진정한 의정이 생기면 "주인공 너만이 네가 있다는 것을 증명할 수 있어!" 하고 강력히 관하면서 주인공(불성)을 발견한다. 자성 발견 이후에는 둘 아닌 도리를 실천하면서 자신의 습을 다 조복 받아 자생중생들이 보살로 화하여서 중생들을 위해 유위법과 무위법의 양면을 잘 중용해 나가면서 보살행을 실천하는 것이다. 최후에 구경 경지에 이르러 법신의 자리로 돌아가 모습이 있고 없음에 관계없이 한생각으로 중생들의 요구에 응해주면서 보살행을 실천하는 것이라고 정의할 수 있다.

제2장 관법의 원리

이 장에서는 선사가 깨달음을 얻은 후 보살행을 하는 관법 원리를 삼신三身 혹은 삼성三聖이나 삼각원형으로 나누어 설하는 것에 대해 살펴보고자 한다.

육조혜능은 각자의 자성에 청정법신불·원만보신불·천백억화신불의 삼신작용이 있음을 설명하고 있다. 선사도 항상 법문에서 설하길, 각자의 자성에 부처·법신·화신이나 부처·문수·보현의 능력을 갖추어 있다고 하는데, 이러한 능력을 구체적으로 활용하는 관법 원리로 설명해 보면 한마음주인공·한생각의 지혜·나툼의 활용으로 나타낼 수 있다. 여기서 **한마음주인공은 부처에, 한생각의 지혜는 법신과 문수에, 그리고 나툼의 활용은 화신과 보현으로 배대된다**. 선사는 우리들 자성에 이러한 능력이 이미 갖추고 있으므로 진실하게 믿고 그대로 실천하면 보살행을 할 수 있다는 것이다. 이를 표로 나타내 보면 다음과 같다.

대행선사	『기신론』	『삼성원융관문』
한마음주인공 (마음 내기 이전)	법신	부처
한생각의 지혜 (현재의식)	보신	문수
나툼의 활용 (육신의 작용)	화신	보현

선사는 설하길, 한마음주인공에는 근본에너지인 체體가 있기 때문에 한생각을 낼 수 있고 한생각에 의해 움직일 수 있다고 설명하고 있다. 그러므로 우리가 어떠한 문제를 만났을 때 '한마음주인공' 하고 진실하게 관하게 되면 거기에 지혜로운 한생각이 일어나고 가장 현명하게 대처할 수 있도록 작용한다. 이러한 전거를 보면 원효스님은 자성신해(性自神解: 성품이 스스로 신비하게 앎)라고 하였고, 보조스님은 공적영지(空寂靈知: 지극히 고요한 가운데 신령스럽게 앎)라고 표현하였다.

선사가 언급하는 한마음주인공에는 마음 내기 이전인 근본에너지만을 설하는 경우가 있는데, 그 예를 보면 다음과 같다.

불성이란 우주를 감싸고 있는 대원리이다. 이 우주 삼라만상에 불성으로부터 비롯되지 않는 것이 없다. 불성은 무시이래로 있어왔고 지금도 있으며 영원토록 있을 것이다. 불성은 진리요 영원이요 모든 것이다. 불성은 개별적인 것이 아니라 일체의 근본이다. 불성은 오직 하나라는 의미에서 한마음이요, 너무나 커서 한마음이요, 전체라서 한마음이다. 일체 만물이 그로부터 비롯되니 한마음이다.

주인공主人空은 진리요, 빛이며 영원이요, 생명이며 부처요, 보살이며 청정하며 긍정이다. 거기에는 어둠도 없고 죽음도 없고, 더러움도 없고 부정도 없다. 주인공은 진리이니 빛보다 더 밝고, 진리이니 행복보다 더 기쁘며, 진리이니 허공같이 크고 영원하며, 진리이니 텅 비고 고요하여 자취도 없다. 주인공은 밝고 영원하고 지극하다. 그 주인공은 천지가 생기기 이전에도 있었고, 설사 우주가 무너지고 허공이 없어지는 한이 있더라도 사라지거나 죽지 않는다.

한편 선사는 한마음주인공에는 마음 내기 이전인 근본에너지를 포함하는 것과 함께 한생각의 지혜와 그로 인한 작용을 함께 포함하는데, 다음과 같다.

그러니 모든 것은 본래 자성, 불佛입니다. 그 불은 본래 자성, '불' 하는 건 생명입니다. 그 '본래' 하는 것은 자기의 그 부처를, 예를 들어서 전체를 말하고 불은 드는 걸 말합니다. 켜는 걸. 그 불이 있기 때문에 우리는 **마음을 낼 수 있는 것**입니다. 마음을 낼 수 있기 때문에 **몸이 움죽거릴 수 있는 것**입니다. 그렇기 때문에 모든 삼위일체가, 전체가, '삼위일체' 하면 육식六識까지도 거기 포함됩니다. 이 모든 내면에 들어 있는 의식까지도. 그래서 한마음이라고 그런 겁니다.

불성이라는 것은 한 근본을 말하는 거구요, **주인공**이라는 것은 **내 몸체**와 **마음 내는 거**와 **불성**을 통합한 겁니다. 지금 주인主人이면서도 공空해서 시공을 초월해서 돌아가고 있습니다. 그 돌아가는 자체를 바로 딱 집어서 주인공이라고 합니다. 전체를, 예!

이상에서와 같이 한마음주인공에는 **근본에너지**만을 내포하는 경우와 **마음 내는 것과 작용**까지 포함하는 경우가 있다. 이러한 원리를 일상생활에 적용해 본다면, 일상생활 가운데 어떤 어려운 경계에 처했을 때 진실하게 "한마음주인공!" 하고 관한다면 '한마음주인공'에서 경계에 합당한 지혜가 나오고 이것이 작용으로 이어져 경계를 지혜롭게 대처할 수 있는 것이다. 우리는 이러한 원리를 진실하게 믿고 실천해 가면서 체험을 하는 것이 중요하다고 본다. 다음에 전개될 한마음주인공 관법에서는 근본에너지와 관련된 내용을 살펴본다.

제1절 한마음주인공 관법의 원리

한마음주인공 관법은 선사가 제시한 부처·문수·보현의 삼성三聖 가운데 '부처'에 해당하고, 『기신론』의 심진여문에 해당하며, 조사선의 본래성불적인 입장과 궤를 같이한다고 할 수 있다.

선사는 수행의 방편으로 주인공을 세워 항시 주인공을 믿고 놓아가면서 자문자답하라고 하고 있다. 이는 서암언 스님이 스스로 '주인공主人公'을 부르며 수행한 것과도 유사하다. 이처럼 항상 주인공과 자문자답하는 이유는, 주인공과 문답을 하면서 진여법신眞如法身의 마음, 즉 한마음을 잃지 않으려는 데 있다. 우리는 조금이라도 방심한 사이에 근본 마음에서 이탈되어 감정의 노예가 된다. 그렇기 때문에 항시 자기의 마음을 관찰하면서 깨어있음은 수행의 중요한 부분이다. 이러한 주인공을 항상 관한다 함은 4조 도신(道信, 580~651)이 『오문선요五門禪要』에서 말하고 있는 마음의 주체를 앎(知心體), 마음이 작용을 앎(知心用), 하나를 지켜 움직이지 않음(守一不移)과 5조 홍인(弘忍, 601~674)의 수본진심守本眞心과 유사하다. 그리고 이러한 한마음주인공 관법은 전체와 공空, 한마음과 주인공 간에 상즉불이相卽不二의 구조를 이루고 있다.

선사가 말하는 한마음과 주인공은 바로 상즉相卽과 불이不二와 중도中道의 대열반 자리를 말하는 것이다. 그것은 한마음의 '한'의 의미에 다 포함되어 있듯이, 선사는 곳곳에서 상즉불이, 불이중도不二中道를 강조하였다. 이는 "부처님 마음과 내 마음이 둘이 아니고, 부처님 생명과 내 생명이 둘이 아니며, 부처님 몸과 내 몸이 둘이 아니다. 일체 만물의 생명과 나의 생명, 일체 만물의 마음과 내 마음, 일체 만물의 몸과 내 몸이 둘이 아니다."라고 밝힌 데에서도 분명히 알 수 있다. 주인공 관법에서는 전체와 하나가 '일즉다다즉일一卽多多卽一'의 원리로 상즉해 있다고 관觀한다. 선사가 말하는 한마음과 주인공은 일체 만물을 다 포함하는 것이다. 그래서 선사는 "생명이 있는 것은 모두 불佛이니 불성이라는 것은 나의 근본 생명, 영원한 생명, 이 우주 전체를 싸고 있는 근본처를 말한다."라고 한다. 그런데 이렇게 이러한 불성, 즉 한마음은 어떠한 실체성을 띠고 존재하는 것이 아니라 그 본질이 텅 비어 있다. 그래서 주인공主人空이라 하는 것이다. 즉 전체와 공이 상즉불이의 상태로 존재하고 있는 것이다. 이에 대하여 선사는 다음과 같이 말하고 있다.

"주인공!" 하면 거기엔 일체 만물이 다 포함된다. 그리고 공한 것이다. 헤아릴 수 없이 수많은 생명이 다 합쳐지는 거기, 만물만생이 다 합쳐져서 부동한 자리이자 공한 그 자리가 일컬어 주인공이다. '경계와 거짓 나와 참나가 하나이다.'

선사는 수행의 방편으로 '주인공'을 세워 항시 '주인공'을 믿고 놓아가면서 자문자답하라고 하고 있다. 위에서 말하는 일체 만물을 다 포함하면서도 공한 자리가 주인공이며, 한마음이다. 따라서 "주인공!" 하면서 수행해 나가는 주인공 관법의 하나의 원리는 전체와 공이 불이상즉不二相卽한 데에 있다고 할 수 있다.

한마음주인공 관법은 한마음과 주인공이 서로 떨어져 있는 것이 아니라 한마음이 곧 주인공이고, 주인공이 곧 한마음임을 의미한다. '심즉불心卽佛'은 선사상의 근본을 이룬다. 여기에서 한마음은 심에 가깝고, 주인공은 불에 가깝다고 할 수 있다. 따라서 한마음 즉卽 주인공이라 할 수 있다.

제2절 한생각 지혜의 관법 원리

선사가 설하는 '한생각의 지혜'란 앞에서 법신의 지혜를 말하는 것으로 기존의 경론에서 삼성三聖 중 '문수'에 해당된다고 볼 수 있다. 선사는 법문 중에 '가만히 있으면 부처요, 한생각 내면 문수'라고 설하면서 한생각의 중요성을 강조하였다.

여기서는 선사가 말하는 문수에 해당하는 한생각에 대해 구체적으로 살펴보고자 한다. 한생각에 대한 정의와 중요성, 그리고 한생각을 어떻게 내는지와 그 공덕과 능력에 대해서 중점적으로 언급하고자 한다.

1. 한생각의 정의

선사는 한생각에 대해 다음과 같이 설하고 있다.

여러분이 전부 법신法身·화신化身·보신報身·약사藥師, 뭐 여기 전부들 계십니다. 그게 딴 데 계신 게 아니라 한생각에서 보현普賢도 있고 문수文殊도 있는 겁니다. 한생각에서 지장地藏도 있고 관세음觀世音도 있는 겁니다. 응? 이 한생각이라는 거. 그래서 과거의 한생각에 다 계셨었는데 지금 한생각에도, 그것이 삼천 년 전의 한생각이 지금 한생각이고, 지금 한생각이 미래의 한생각이자 지금 한생각입니다.

선사는 우리가 마음 내는 한생각에 문수 등 제불보살이 함께 한다고 강조하고 있다. 선사는 부처·문수·보현의 관계에서 마음을 내는 것, 즉 한생각에 해당하는 것을 문수라 하고 이러한 삼성은 모두 일심인 한마음 내지는 한생각에서 비롯된다고 설한다.

혜능은 『단경』에서 "선지식들이여, 혜능이 구도자들에게 권하여 자성의 삼보에게 귀의하게 하나니, 불佛이란 깨달음이며, 법法이란 바름이며, 승僧이란 깨끗함이다."라고 하여 삼신불은 항상 자신의 마음에 있다고 강조한다. 또한 "한 생각이 선善하면 그에 따라 지혜가 생기니, 한 등이 천 년의 어둠을 능히 밝히고, 한 지혜가 능히 만년의 어리석음을 없애는 것과 같다."라고 하였다.

선사도 한생각을 잘 하면 지혜가 생기고, 그 지혜는 모든 장애를 극복할 수 있다고 강조한다. 이는 각자의 마음에 문수보살의 공空과 중도中道의 지혜를 구비하고 있어서 보현보살행을 해나갈 수 있는데, 어리석은 중생은 그것을 몰라 밖으로 구한다고 지적한다. 선사의 '한 생각의 지혜'에는 깨달은 자에게 있어서 지혜가 충만히 갖추어 있다고 하는 것 이외에도 깨닫지 못한 범부일지라도 주인공에 믿고 놓으면서 관하게 되면 지혜가 나온다는 것이다. 이러한 선사의 가르침은 일상생활에서 우리 자신이 각자 주인으로 어떻게 살아가야 하는지를 제시해주고 있다.

선사가 설하는 한생각을 좀 더 설명하자면 다음과 같다. 이 세상이 찰나찰나 화해서 돌아가는 이치가 그대로 공이므로 그 공에서 그대로 한생각을 내면 법이 된다. 그 한생각이 그대로 법이 됨으로써 육신이 움직이게 되는 것이니, 자기중심으로부터 모든 것을 한생각 잘 해서 활용하는 것이 지혜로운 삶이라고 할 수 있다. 가만히 있는 자기 무심과, 생각을 내는 마음과, 생각을 내면 몸이 움직이는 것 등 세 가지가 하나로 한데 합쳐서 돌아가는 것이다.

  선사는 다른 법문에서 부처가 마음 내는 것을 문수라고 하였는데, 문수는 부처의 능력이라고 설하고 있다. 여기서 부처의 능력이라는 것은 바로 『기신론』에서 말하고 있는 상대相大의 무한한 성性공덕을 구족하고 있다는 것과 유사하다.

  한 생각의 중요성에 관련하여 진리 그대로가 움직이지 않고 있으면 부처고, 한생각을 했다 하면 문수이며, 몸을 움죽거렸다 하면 화신이라 조금도 어긋나지 않고 그냥 찰나찰나 화化해서 돌아가면서 자동적으로 그냥 생활하고 있으나, 한생각을 내지 않으면 법이 성립이 되질 않는다. 그리고 한생각이란 각자가 그냥 생각이 아니라 근본 마음을 통해 마음을 잘 내는 것을 말하며, 그것이 부처님의 마음이요 능력이다. 그러면 선사가 말하는 한생각을 구체적으로 살펴보자.

  그러니까 마음속으로 들어가서 고개를 숙이고 말입니다. 작으면 내가 작아지고, 크면 내가 커지고 그래서 똑같이 맞추어야 이게 둥글어지죠. 그래서 크고 작은

제2장 관법의 원리 23

걸 다 놔라 이런 게 있습니다. 생활뿐만 아니라 말입니다. 모든 거를 거기 놓고 가다보면 모두가 바로 한마음이 돼서 내가 생각하는 대로 응해주는데 그게 한생각이죠. 여러분의 생각은 생각이지마는 깨달은 부처님들의 생각은 한생각입니다. 한생각! 한생각이라고 하는 건 여러 생명들의 의식도 하나로, 부처님의 그 마음 하나로 계합이 되기 때문입니다. 모두가 하나가 돼서 조복을 받았기 때문입니다. 그래서 부처님의 마음들이 전부 보살이죠.

선사가 말하는 한생각이란 간단하게 말해 부처 혹은 각자覺者의 생각을 말한다. 깨달은 자는 자신의 내면에 있는 모든 생명들의 의식을 조복 받아 한마음이 되어 모든 부처와 보살, 그리고 모든 중생들과 하나가 된다. 그리하여 깨달은 자가 한생각을 내면 모든 일체제불이 마음이 한데 합쳐 응해주는 도리를 말한다. 선사는 한생각에 제불보살들이 함께 하므로 우리가 진정 귀의해야 할 곳은 자성삼보라고 강조하고 있으며, 이는 혜능이 말하는 자성삼신불과 일치한다. 한생각(一念)에 대한 전거를 『육조단경』에서는 다음과 같이 설하고 있다.

일념(一念, 한생각)이 어리석으면 곧 반야가 끊기고, 일념이 지혜로우면 곧 반야가 나거늘, 마음속은 항상 어리석으면서 '나는 닦는다.'고 스스로 말한다. … 이 법을 깨친 이는 반야의 법을 깨친 것이며 반야의 행을 닦는 것이다. 닦지 않으면 곧 범부요, 한순간 수행하면 법신과 부처와 같으니라.

위 내용은 혜능이 반야바라밀을 어떻게 수행하는가에 대해 설한 일부 내용이다. 혜능은 반야바라밀을 행하는 것이 바로 최상승법을 수행하는 것이라고 강조하면서 지혜를 바로 일으키기 위해서는 일념(한 생각)을 잘 해야 한다고 하였다. 그리고 한생각을 잘 내서 수행하면 법신과 부처와 같다고 하였다. 선사도 한생각의 지혜가 곧 법신이요, 문수라고 설하고 있다.

선사는 한생각을 낼 때 깨달은 자만이 한생각을 낼 수 있다고 한정하지 않는다. 깨닫지 못한 자라도 일체를 한마음 주인공에 놓고 가면 일체제불보살의 마음이 자기와 더불어 한마음이 되어 응해주는 것이 한생각이라는 것이다. 그러므로 한생각이란 개별적인 생각이 아니라 포괄적인 생각이기 때문에 일체 만생의 마음이 함께 더불어 하는 것이라고 설한다. 선사는 깨닫지 못한 이에게도 한생각을 낼 수 있다고 다음과 같이 설한다.

우리가 꼭 알아야 할 문제는 그거야, 바로. 내가, 내가 이렇게 천차만별로 나투는 그 가운데, 바다 같은 가운데서 나오는 이 생각이, '그래서 생각도 개별적으로 하지 말고 포괄적으로 해서 한생각으로 해라.' 이거야. 내가 그냥, **내가 했다고 하면은 개별적인 게 되고 주인공에서 이게 더불어 같이 생각을 하면은 한생각이 되니 이거는 공덕이 돼. 공심이 되는 거야, 공용이 되구.** 이게 모두가 그렇게 붙어 돌아가. 그런데 묘한 것은 하나에서부터 열까지 틀린 게 하나도 없어.

비록 깨닫지 못했다 하여도 어떠한 생각을 할 때 주인공에 믿고 놓아 더불어 생각을 한다면 한생각이 된다고 한다. 또한 선사는 모든 것이 한마음으로 연결되어 있음을 알고 진실하게 믿으면서 생각을 내면 한생각이 된다고 강조한다. 수행자들은 깨닫고 못 깨닫고를 떠나서 일상생활에 모든 것을 공空에 놓고 가다보면 모두가 바로 한마음이 돼서 내가 생각하는 대로 응해주는데 그게 한생각이다. 한생각이라고 하는 건 여러 생명들의 의식이 하나로, 부처님의 그 마음 하나로 계합이 되기 때문이다. 모두가 하나가 돼서 조복을 받았기 때문이다. 이러한 선사의 한생각의 의미는 우리가 일상생활에서 어떠한 경계가 닥친다 할지라도 한마음주인공에 믿고 놓게 되면 모든 불보살의 마음이 함께 응하여 그 문제를 가장 적합하게 해결할 수 있는 지혜가 나온다는 것이다. 그러므로 이 지혜는 개인의 지혜가 아닌 전체가 함께 작용한 지혜이다. 그것이 바로 문수의 지혜인 것이며 보현의 삶인 것이다.

2. 한생각의 중요성

선사는 수행자들에게 항상 일체를 한마음에서 벌어진다는 것을 믿고 놓으면서 일상생활에 닥쳐오는 경계에 대해 지혜로운 한생각을 내는 것이 중요하다고 설하였다. 여기서는 우리들의 한생각이 일상생활과 더 나아가 세계에 어떠한 영향이 있는지에 대해 알아보기로 한다. 선사는 한생각의 중요성을 다음과 같이 설하고 있다.

> 그런 거와 같이 우리가 이게 말로는 '한 생각이다.' 이렇게 아주 쉽게 말을 하지만 한생각이라는 게 얼마나 중요하고

광대무변하고 묘법인지 몰라요. 이 음파가 그대로, 얼른 알아듣기 쉽게 말하자면 원자에서 입자가 전부 나가서 조절을 하거든요. 마음을 조절을 해서 둘 아니게 응신이 돼서 하면 그 마음들이 다 풀려서 그 사람이 나오게 되는 그런 문제를 말하는 거예요.

그렇기 때문에 그 마음 하나가 얼마나 중요한지 모르죠. 그런데 마음에 자기 욕심을 채워서 말을 함부로 하고 또 스님네들을 우습게보고 그냥 마구 해대는 수가 많거든요. 아무리 이런 말 못하는 돌이라도 아, 이거는 내가 공부한 대로 여기서도 말을 할 수 있거든요. 내가 마음공부를 했다면 꽃나무도 이런 들에도 전부 같이 통하지 않는 게 하나도 없어요. 나무에는 목신이 있고, 물에는 용신이 있고, 산에는 주산신이 있고 이렇듯이 말이에요. 그러니까 모두 통해서, 남이 아니고 서로가 우주 전체가 조직적인 진리로서 에누리 하나 없이 이렇게 진행해 나간다는 것, 이런 것이 틀림없죠. 질서정연해요. 그런데 우리는 마음이 질서정연치 못하니까 질서정연치 못하게 세상에 나가는 거죠. 그리고 이득이 없고 자기를 자기가 망치고 돌아가거든요.

위의 내용에서 한생각의 중요성과 한생각으로 인해 벌어지는 현상들을 예를 들어 설명하고 있다. 마음공부를 해나가면서 진실하게 한생각 내었을 때 산천초목에서부터 우주만물까지 통신이 된다고 강조하고 있다. 선사는 삼성三聖을 언급하여 깨달은 자의 한생각은 바로 법신이자 문수로 비유하면서 보살행을 함에 있어서 한생각에서 보현의 보살행을 할 수 있다고 강조하고, 무엇보다 한생각이 중요하다고 하였다. 또한 선사는 한생각의 중요성에 대해, 우리가 한생각을 잘 하게 되면 우주 전체를 잘되게 할 수도 있고 태산 같은 업을 없앨 수 있다고 하였다. 반대로 한생각 잘못하면 우주 전체를 나쁘게 할 수 있고 태산 같은 업을 만들 수 있다고 하였다.

우리가 불교를 말할 때 자각의 종교 혹은 지혜의 종교라고 한다. 이는 우리가 지혜를 어떻게 잘 내느냐 하는 것과 밀접한 관계가 있다. 이러한 한생각의 지혜는 우리들의 일상생활에서 사소한 것에서부터 크게는 세계까지 영향을 줄 수가 있다. 요즘 국내외에서는 환경, 종교, 그리고 국가 간 분쟁 등의 문제로 혼란과 위기를 맞이하고 있다. 이러한 때에 우리 모두가 공심으로 한생각을 잘 내면 나라와 세계를 잘 유지시킬 수 있다. 이러한 한생각은 우리들 생활에 국한되는 것이 아니라 한생각에 따라 세계도 무너뜨릴 수 있고 발전시킬 수도 있는 것이다. 이처럼 한생각 내는 것이 매우 중요하다고 하였는데, 다음과 같이 다시 설하고 있다.

이 문제는 상당히 중요한 것인데, 그렇기 때문에 우리가 마음을 악하게 쓰지 않아도 한 생 살고, 악하게 써도 한 생 살 거, 좀 좋게 살면 어떻습니까? 좀 좋게 생각하고 살면 어떻습니까? '자유스럽게 마음을 써라' 하고 사람으로 내놓은 겁니다. 그러니 사람이라면 좀 더, 이 마음이 나쁘게 나오더라도 좋은 마음으로 바꿔서 생각을 하고 이랬으면 좋을 텐데, 이거는 나오는 대로 그냥 내뱉어버리는 거예요, 조금도 참지 못하고. 나오는 생각을 안에서 조절을 해서 이렇게 참고, 좀 생각을 해서 던지는 게 한생각이거든요. 그리고 막 나오는 대로 말하는 게 그냥 생각이죠. 생각해서 잘 말하는 게 한생각이고, 그냥 나오는 대로 내뱉고 욕하고 화내고 이러는 게 바로 중생이라는 말이죠. 그러니까 이것이 웃어가면서 해야 옳을지, 울어가면서 해야 옳을지 모르는 이런 상황에 처해 있는 문제란 말입니다.

선사는 일상생활에서 침착하게 생활을 하면서 지혜롭게 대처하기를 권하고 있다. 아무리 억울하고 화나는 일이 있더라도 상대를 내 모습과 같이 보면서 마음을 잘 굴리면서 한생각을 내주어야 한다고 하였다. 이처럼 선사가 강조하는 한생각의 중요성에 대해 언급하고 있는 내용을 찾아보면 『묘법연화경현의妙法蓮華經玄義』에서 "삼계는 따로 다른 법이 없고, 오직 한마음이 만든다. 마음은 지옥이 되기도 천당이 되기도 하며, 마음은 범부가 되기도 하고 성현이 되기도 한다."라고 하면서 일심一心, 즉 한생각의 중요성을 설하고 있다. 여기서 일심의 의미는 대상과 관련하여 작용하는 마음을 뜻한다.

『단경』에서는 "한 지혜가 능히 만 년의 어리석음을 멸한다. … 한 번의 생각이 악하면 천 년의 착함을 물리쳐 그치게 하고, 한 번의 생각이 착하면 천 년의 악을 물리쳐 없앤다."라고 하였다. 혜능은 한 번 생각을 잘 하여 지혜로우면 오랫동안 쌓여 있던 악과 어리석음을 멸하고, 한 번 생각 잘못하면 반대가 된다고 하였다.

이처럼 우리 자신이 아무리 어리석고 못났다 할지라도 지혜로운 한생각으로 지혜로운 삶을 살 수 있다는 것을 선사의 말씀과 경론에서 증명해주고 있다. 이러한 것을 이해하고 실천하는 것이 무엇보다 중요하다고 본다.

　선사는 비록 지혜가 갖추어져 있다 할지라도 한생각을 못하면 경계에 대처할 수 없다고 하는데, 이와 관련해 다음과 같이 회고한다.

저 어느 절에를 가는데, 그 전날 아, 그냥 어느 지옥 같은 그 컴컴한 덴데, 그냥 사람들이 벽절 치듯 하고 갇혀있어 가지고는, 이리저리 그냥 쫓기고, 이리저리 그냥 숨고 야단이 난 거야, 그냥. 죽고 그냥 엎드러지고 그냥, 애 어른 할 것 없이···.
그런데 보는데 말이야. 그렇게 봐도 생각이 안 난 거야. 이게 한생각에 이게 모든 게 잠잠해질 텐데, 한생각이 안 나는 거야, 영. 그 무슨 원리냐 이거야. 한생각이 안 나니까, 그대로 그냥 거기서 그냥 나오지 못하고 있으니까, 부처님이 비구로 화해서, 조끄마한 동자비구로 화해서 꽃마차를 가지고 거기까지 들어왔어. 환하게 이런 불이, 불이 달려있는 그걸, 그래서 그걸 타고 나왔다고. 그걸 타고 와서 생각을 하니깐 말이야. 그걸 타고 나와서도 생각을 해도, 또 그걸 생각이 안 나는 거야···.
그러니까 미아리고개라는 소리에 그만 '아, 그 구덩이가 거기구나.' 생각을 했던 거지. 그러니까 이 생각이라는 게 얼마나 중요한지 몰라. 아무리 지가 뛰고 난다 하더라도, 한생각을 하지 않으면 법이 이루어지지 않아, 법이 성립이 되질 않는다고. 그래서 가만히 앉았으면 그냥 부처고, 생각을 했다 하면 법신 문수다 이거야. 그리고 움죽거렸다 하면 보현신이다 이거야. 그러니 아무리 제 아무리 잘 안다 하고 뭐, 하늘을 뚫은 재주가 있다 하드래도, 생각이 없는데, 그건 송장 같이 생각이 없는데, 뭔 성립이 돼, 글쎄?

위에서 선사는 미아리고개 근처에서 수많은 죽은 영혼들이 늘어져 있었는데 그들을 천도하겠다는 생각이 들지 않았다고 하였다. 나중에 시자스님이 미아리고개라는 말에 그곳에서 많은 영혼들이 있다는 것을 알았다. 그 후 한생각을 잘 내어 그곳에 있는 영혼들을 잘 제도하였다고 하였다. 그러면서 아무리 지혜를 갖춘 사람이라도 한생각 혹은 자비심을 내지 않는다면 소용이 없다고 회고하였다. 선사가 말하는 한생각은 『법성게』에도 '끝없는 무량한 겁이 곧 한생각과 닿아 있고, 한생각을 내는 것이 곧 무량겁'이라고 하였다. 이 의미는 시간과 공간에 관계없이 한생각을 내면 무량겁의 과거로 돌아갈 수도 미래로 나아갈 수도 있다는 말이다. 그러므로 한생각을 내는 것이 매우 중요하다고 하겠다.

3. 한생각 내는 법

앞에서 한생각에 대한 정의와 한생각의 중요성에 대해서 살펴보았다. 그러면 어떻게 한생각을 내어야 하는가? 선사는 각자에게 부처의 성품과 지혜의 작용을 갖추고 있으니 용도대로 쓸 수 있다고 말한다. 한생각을 어떻게 내는가에 대한 법문을 다음과 같이 하고 있다.

> 마음을 아무렇게나 쓰면 그 아무렇게나 쓴 대가가 바로 즉시 자기가 연결돼서 갖는 거니까요. 그래서 '마음을 바로 써야 뭐든지 묘하게 묘법으로서의 보배가 내 앞에 그득히 산처럼 쌓여서, 그거를 나누어 주고도 남음이 있더라.' 이렇게 얘기하고, 또는 이 모든 사람들이 어떻게 생각을 할는지 모르지만은 생각을 아주 잘 하세요. '생각을 잘 하시되 왜 한생각을 하시라고 그랬나?' 이거를 가만히 따져 보세요. '한 생각이 도대체 무엇이 한생각인가?' 그럼 생각은 다 똑같이 누구나가 생각을 하는데, 한생각은 뭐라고 하는 게 한생각인가 이렇게 생각하시

죠. 부처님 법은 '못하고, 하고'가 없어요. 그러니까 '아니다, 기다'를 떠나서 그 가운데 그냥 내 앞에 닥치면 닥치는 대로 결정을 짓는 것이….

자기가 마음을 쓰는 대로 자기가 갖는다고 하였는데, 서산西山이 '시줏물을 헛되이 받으면 그 업보는 응당 메아리처럼 되돌아온다.'라고 하였듯이 우리가 마음을 제대로 못쓰면 그 업보를 결국 자기가 받는 것이다. 인용문에서 한생각을 낼 때 '한다, 못한다'를 떠나서 그대로 활용을 하라고 하였는데 한생각을 할 수 있다, 없다는 것은 단지 중생들이 생각일 뿐이다. 그러므로 깨닫지 못한 입장에서는 알지 못하기 때문에 믿음을 강조하고 있다. **『기신론』에서 말하고 있는 바와 같이 각자覺者나 범부凡夫에 관계없이 체體·상相·용用 삼대의 능력을 갖추고 있다는 것을 믿는 것이 중요하다. 그러나 일반적으로 범부는 그러한 능력이 자신과는 무관하다고 처음부터 마음의 벽을 쌓아버린다.** 선사는 이에 대해 어떠한 어려운 경계가 닥친다 하여도 물러나지 말고 지혜롭게 결정해서 그대로 밀고 나가라고 강조한다.

선사는 한생각 내는 법에 대해, 우리들은 그대로 공한 상태이므로 한생각 내면 그대로 법이 되고 이것에 의해 육신이 움직이면서 활용이 된다고 설하였다. 선사는 『반야심경』의 공空 도리를 예로 들면서 본래부터 우리들은 공空하여 돌아가지만 중생들이 그것을 모를 뿐이다. 그러므로 우리가 진실하게 주인공을 믿으면서 한생각을 낼 때 그대로 법이 되어 일상생활에서 질서를 지켜나가면서 용도에 맞게 활용이 된다고 하였다.

이와 같이 비록 깨닫지 못할지라도 수행자가 일상생활에서 일체가 다 한마음의 작용임을 인식하면서 용도에 따라 지혜로운 생각을 내면 그것이 한생각인 것이다. 자기 앞에 닥친 모든 상황 앞에 잘 관하면서 유위법과 무위법 양면에 위배됨이 없이 여여如如하게 해나가라는 것이다. 그렇다고, 한생각을 낸다고 해서 어떤 작위적인 마음은 아니라고 경고하기도 한다. 한생각을 내는 데 함이 없이 무심으로 하라면서 다음과 같이 설하고 있다.

> 네가 모든 것을 종합해서 공했다는 도리를 알고, 이것을 한꺼번에 드는 이 마음으로서의 내가 했단 말이 없이, 생각도 없이, 무심으로서의 내가 어떠한 것을 한생각 내서 줬을 때 무주상이요, 또는 내가 한생각 났을 때, 목마를 때 물을 한 그릇 줬어도 그건 무주상이다 이거야.

그러기 때문에 무주상, 이 상이 없이 내가 마음을 한생각 내주는 것도 무주상이요, 이 상을, 이렇게 줘도 무심히 줬기 때문에 이것은 무심으로서 무주상이다 이거야. 그래서 모든 게 한생각 내는 것도, 이 물질을 주는 것도 공해서, 이것이 무심이기 때문에 무주상 보시를 하는 거고, 그것이 바로 공덕이 있는 것이지. 공덕이 있다 없다도 놔버려야 하지마는 가르치려니까 '그것이 공덕이지' 하는 거야. 그것이 공덕이지.

일상생활에서 물질적인 것이든 마음으로 한생각을 내주는 것이든 상이 없이 해야 무주상이 된다고 강조한다. 이러한 무주상의 물질적 정신적 보시는 바로 공덕으로 이루어진다고 한다. 이러한 한생각 혹은 무심에 대한 사상은 중국 선종사에서 찾아볼 수 있다. 먼저 『육조단경』에서 무념에 대해 "무無란 두 가지 상대적 생각에서 나타나는 모든 번뇌를 떠난다는 것이며, 념念이란 진여의 본성을 생각한다는 것이다."라고 하였다.

이상과 같이 한생각을 어떻게 내는가에 대해 살펴보았다. 선사는 한생각은 깨달은 자에 한해서만 이루어지는 것이 아니라 깨닫지 못한 중생들의 입장에서도 한생각을 낼 수 있다고 하였다. 중요한 것은 『육조단경』에서 언급된 무념처럼, 우리의 일상생활에서 벌어지고 있는 모든 것들이 한마음의 작용임을 믿고, 항상 한마음을 관하게 되면 관하는 만큼 법이 된다는 점이다. 그러므로 우리 앞에 펼쳐지는 옳고 그름, 좋고 나쁨 등의 분별적인 사고를 떠나 일체를 내 모습과 같이 보면서 지혜로운 한생각을 내면 그대로 법이 되고 보살행을 할 수 있게 된다.

4. 한생각의 공덕과 능력

지금까지 한생각의 정의, 중요성, 그리고 한생각을 내는 법에 대해서 살펴보았다. 이어서 여기서는 이러한 한생각이 이루어질 때 어떠한 공덕과 능력이 생기는가에 대해 살펴보겠다. 앞에서 살펴본 대로 선사는 누구에게나 내면에 삼관의 능력을 구비하고 있지만 중생들은 미혹하여 자신 스스로가 중생이라는 견해를 가지고 뛰어넘지 못한다고 설하였다. 선사는 한생각의 공덕을 다음과 같이 설하고 있다.

> 벗어나게 되면 그때는, 너무도 이 우주의 섭류와 이런 인간의 살림살이에 모든 게 적합하게, 모든 게 공해서 돌아가는 거를 알게 되고, 진실로 알게 되고, 내가 한생각

이라면 그냥 이렇게 하다가도, 아까도 얘기했지만, '아, 저 사람을 구해줘야지' 하는 생각이 무뜩, 이게 여기서 다 하는 … 이 생각난 것도 여기서 생각난 게 아니겠습니까? 그러기 때문에 몽땅 들리는 겁니다, 몽땅, 그 힘이! 그러기 때문에 그것은 다양하게 … 내가 아픈 사람을 불쌍해서 그렇게 생각을 했다면, 그대로 아까 보이지 않는 약이 글루 갈 것이고, 또 가난해서 불쌍해서 생각을 해줬다면, 바로 보이지 않는 데서 바로 그 가난을, 자기가 그 업보를 면해주니까, 바로 그게 없어지니까 바로 가난함을 없애죠. 그러니까 그걸 가지고 보이지 않는 데서 마음으로 하는 그 무주상 보시 … 그 마음으로 한생각 냈기 때문에 한생각이 거기에 융합이 되고, 통틀어 그 힘이 한데 가하게 되자, 그건 들리게 되는 거죠.

위의 설명에서 보면 수행자들이 모든 것을 한마음주인공에 믿고 놓게 되면 모든 탐진치가 소멸되며, 그 결과 공한 도리와 참 진리를 깨닫게 된다. 그런 후 저절로 내가 남을 도와주어야 하겠다는 한생각이 일어나게 되며, 이렇게 될 때 무주상 보시가 되고 모두가 한마음이 되어 작용해 준다는 것이다. 이를 공덕적 측면에서 보면, 선사는 비유를 들면서 수행자들이 한마음으로써 모든 자생중생들을 조복 받은 후 한생각 내었을 때, 자생중생들이 보살로 화하여 사람들 마음속에 들어가서 조절해 준다고 하였다. 또한 선사는 우리의 일상생활에서 한생각의 공덕과 능력은 우리 자신뿐만 아니라 우리나라와 나아가 우주까지 영향을 줄 수 있다고 설한다. 이와 관련된 부분을 선사는 다음과 같이 설하고 있다.

그런데 우리가 삼분의 이가 그렇게 되고 삼분의 일이 악종惡種이라면 그것은, 악의 종자가 삼분의 일밖에 안 된다면, 전체적으로 이건 삼분의 이가 선善의 종자라면 종자가 선의 종자로 몰려져버려, 우리가 선거를 하면은 그렇듯이. 그러니 종자를 따지고 보자. 우리 몸뚱이 속에 종자가 얼마나 많으냐? 응? 세상에 헤아릴 수가 없어. 보살이 그렇게 부처님 국토에서 국토 가운데서 그 보살이 낱낱이 나오는 그것을 헤아릴 수가 없다고 그랬어, 보살이. 그 반면에 악종이라면 악종이 보살 그만큼 헤아릴 수 없이 나오듯 악종도 그렇게 헤아릴 수 없이 나온단 말이야. 그러니 우리 한 몸뚱이 가지고 이끌어가고 사는 것이 얼마나 귀중하고 얼마나 무시, 무시무시하고 얼마나….

그것을 잘 생각해서 둥글려서 조복을 받는다면, 그 헤아릴 수 없는 보살로서 응신으로서 화신으로서 법신으로서, 이거는 전체 이 신, 저 신 이름이 수만 개라 할지라도 하나에 하나로 들고 하나로 나고 그래. 그러니 그 수효가 얼마나 많겠니? 그 반면에 그 마음 하나 잘못 쓰면 그렇게 악종이 나올 때에 그 악종의 그 헤아릴 수 없는 문제들을 어떻게 해결할 수 있겠느냐 이거야. 그렇게 된다면 우리나라뿐만 아니라 전 우주로 번지게 돼 있어. 세계적으로도 번지고 말이야. 남을 해치는 걸 아주 재밌어 하는, 남을 죽이는 거를 재밌어 하는 그런 악종들 말이야. 그래서 이 공부를 하는 것은 허공에서 그렇게 악종들이 몰려서 바람처럼 그냥 회오리바람이 불면서 그냥 악종들이 그냥 그 어느 나라라고 헐까, 나라 나라마다 이렇게 악종이 들어올 때 그걸 대치할 수 있는 거는 우리 마음이란 얘기야. 이 공부를 하게 되면 그 속에 들어가면 그냥 그것이 한생각에 법이 되기 때문에 법을 따르지 않으면 멸망하거든. 그러기 때문에 법을 따르게 돼 있어. 그러기 때문에 그 악종이 없어진다는 얘기야. 그러니 이게 우리가 그냥 목탁치고 중노릇 허는 그 문제만이 아니라는 얘기지. 너무도 깊고 너무도 펼쳐진 이 문제들이 광대하기 때문에 우리는 조그맣게 생각해서는 아니 된다.

우주에는 다양한 생명체가 있는데 그들 중에는 선의 종자와 악의 종자가 있다. 만약 악의 종자가 잠에서 깨어나면 우리나라뿐만 아니라 지구는 물론 전 우주에 퍼진다. 그러나 마음 도리를 공부해서 지혜로운 한생각을 하게 되면 천백억 화신으로 변화하여 악의 종자들을 교화할 수 있다. 이런 내용은 공상과학에나 나올만한 내용으로 일반적인 상식으로는 헤아리기 어려운 내용이다. 하지만 이러한 내용이 현실에 지금 벌어지고 있다고 하니 수행자들이 심사숙고해야 할 문제이다. 이처럼 현실에 벌어지고 있지만 일반 범부들이 모르는 내용을 선사는 혜안으로 관하여 실제 벌어지고 있는 상황을 직접 설하고 있다.

한 생각의 공덕에 대해서, 『대승기신론』에서는 진여자체상眞如自體相에 대한 공덕을 언급하였다. 진여자체상은 일체 공덕을 구족하여 있고 상락아정常樂我淨의 이치이며 부사의한 법을 구족했다고 하였다. 그리고 앞서 혜능이 언급한 바와 같이 한생각의 지혜가 만 년의 어리석음을 없애며, 생각하고 헤아리면 스스로 변화한다고 하였다.

이상과 같이 선사는 한생각의 지혜의 관법과 관련하여 우리들 자신에게 부처의 지혜가 갖추어져 있으므로, 한생각의 무심의 상태가 될 때 진여법신과 하나가 되고 지혜가 생겨난다고 하였다. 이러한 한생각의 영향은 개인뿐만 아니라 우주까지 미칠 수 있다고 강조한다.

제3절 나툼 관법의 원리

대승불교의 목표는 상구보리와 하화중생이다. 선사도 이러한 대승불교의 사상을 계승하면서 위로는 보리를 구하며 아래로는 자생중생들은 물론이고 타인들에게 보살행을 해야 한다고 강조한다. 여기서는 부처·법신·화신 혹은 부처·문수·보현에서 화신과 보현에 관련된 내용을 살펴보고자 한다. 앞에서 언급한 것처럼 선사는 가만히 있으면 부처요 한생각 내면 문수가 된다고 하였다. 그리고 한생각 내면 바로 그게 작용으로 이어지게 되는데, 그것을 일러 화신행이자 보현행이라 하였다. 이제 대승보살도의 실천면에서 살펴보고 이어 화신과 보현의 나툼의 조건에 대해 살펴보고자 한다.

1. 화신·보현행의 실천

선사가 말하는 최종의 관법은 수행을 통해 이루어진 구경의 열반경지에 이르러 모든 중생들의 요구에 응해주면서 보살행을 실천하는 것이다. 이러한 보살행은 문수의 지혜작용인 화신이요 보현행이다. 선사는 화신에 대해 다음과 같이 설하고 있다.

> 열반의 구경경지까지 이른다면, 그것은 말로는 형용할 수 없이 이 세상을 한 찰나에 들고 나면서, 과거 미래를 한 찰나에 들고 나면서, 모두 한 내 몸속에 있는 그 중생들이 모두 보살로 화해서 털구멍을 통해서 들고 나면서, 어느 누구든지 아프다면 약사가 돼서 응신이 돼주고, 또 가난하다고 원할 때는 반드시 관세음이 돼주고, 또는 명이 짧으면 칠성이 돼주고, 좋은 데로 못가서 염을 하면 지장이 돼주고, 이 세상에 밝게 깨우치게 당신만이 할 수 있다고 할 때에 비로소 아촉이 되고, 아미타가 되고, 돌아 나오는 길에 미륵이 되고, 이렇게 하고 때에 따라선 물에 가서 참 죽을 고비를 당했을 때는 바로 주해신을, 주해신을 찾는 게 아니라 주인공에다 모든 거를 '너만이 나를 건질 수 있어' 하면 그냥

주해신으로서 나투어 주신다 이런 거지. 산에 올라가서 죽게 돼서 주인공에 관하면 그냥 주산신이 돼서 나투어 주시고, 어느 거든지 아니 돼주시는 게 없어요. 그러기 때문에 부처님이라는 이름이 어떤 거 할 때에 나라고 헐 수 없는 것이 부첩니다.

 인용문에서 보듯이 부처 혹은 깨달은 자들은 중생들이 원하는 대로 화化하여 응해준다. 특히 선사는 수행하여 깨달으면 자신의 내면에 있는 모든 자생중생들을 제도하게 되고 그들이 모두 보살로 화하여 중생들이 원하면 털구멍을 통해 들고 나면서 보살행을 한다고 하였다. 그리고 선사가 항상 강조하듯 깨닫지 못한 범부일지라도 주인공에 진실로 관하게 되면 용도에 따라 나툼을 한다는 것이다. 그러므로 우리가 일상생활에 처해 있을 때 우선 주인공을 믿고 마음을 내는 것이 중요하다.

 선사는 부처의 참된 의미는 자기라는 고정된 상相이나 집착이 없이 중생들의 입장에서 조건 없이 천백억화신이 되어 나투어 주며 항상 중생들의 마음의 인등을 밝게 밝혀주는 역할을 하는 것이라고 설한다. 위에서 말한 부처가 사람들이 처해진 환경에 따라 주해신主海神·주산신主山神 등으로 응신이 되어 나투어 준다고 하였다. 선사는 『화엄경』에 나와 있는 신들을 언급하면서 이러한 신들은 깨달은 자의 육체 안에 있던 중생들이 보살행을 할 때 보살로 화현한 것이라고 하였다. 이러한 전거는 『화엄경약찬게』에 보면 먼저 법신·보신·화신 및 일체 여래와 성현들에게 귀의한다. 그리고 난 후 보살행의 대표자인 보현보살과 그 뒤로 모든 신들의 이름이 거론된다. 이처럼 보현보살과 모든 신들은 모두가 부처의 화현으로서 중생들을 위해 응신應身한 것이다.

선사는 우리들 내면에 한마음이 내재되어 있기에 중생들의 원하는 바에 따라 제불보살과 신들로 화현하여 도움을 줄 수 있다고 강조한다. 또한 만약 누군가 어려움에 처해 있을 때, 진실로 내면으로 관하게 될 때 어려움을 해결해 줄 수 있도록 제불보살이 옹호해 준다는 것이다. 이제 선사가 말하는 보현행에 대해서 인용문을 참조하면서 살펴보고자 한다.

그건 왜냐하면은 여러분들이 이 공부를 해서 내 속에 들은 그 의식과 모든 생명들하고 같이 그 마음이 한마음으로 돌아가기 때문입니다. 그리고도 그 분신은 항상 그 법신에 의해서, 마음을 일으키는 법신에 의해서, 화신들은 바로 보현이죠. 그 보현은 바로 직접 모습 없는 모습으로서의 그 천백억으로 화해서 남이 원하는 대로 모습을 나투면서 이렇게 일을 하고 있습니다.

위 인용문은 수행을 하여 내면의 자생중생들과 더불어 한마음으로 돌아갈 수 있을 때 어떠한 일에 대해 마음을 일으키면 그것은 법신의 지혜이며, 그 지혜로 인해 보현의 작용을 할 수 있다고 한다. 보현행이란 우리의 일상생활에서 길에 엎드러지면 내가 직접 손을 짚고 일어나는 이것이 바로 보현행이라고 설한다. 선사가 말하고 있는 보현행에 대한 전거로 『화엄경』「보현행원품」에도 나와 있다.

선남자여, 중생의 뜻에 항상 따른다는 것은 온 법계, 허공계, 시방 세계의 중생들이 여러 가지 차별이 있어 알에서 나고, 태에서 나고, 습기로 나고, 화하여 나기도 하나니 … 내가 모두 그들에게 수순하여 가지가지로 섬기고 가지가지로 공양하기를 부모같이 공경하고, 스승과 아라한, 내지 부처님이나 다름이 없이 받들며, 병든 이에게는 좋은 의원이 되고, 길 잃은 이에게는 바른 길을 보여주고, 캄캄한 밤에는 빛이 되며, 가난한 이에게는 묻혀 있는 보배를 얻게 하면서 이렇게 보살이 일체중생을 평등하게 이롭게 함을 말하는 것이니라. …
선남자여, 그대는 이 이치를 이렇게 알아야 하느니라. '중생에게 마음을 평등하게 함으로써 원만한 자비를 성취하고, 자비심으로 중생들을 수순함으로써 부처님께 공양함을 성취할 수 있는 것이니라.'고. 보살은 이와 같이 중생을 수순하나니 허공계가 다하고, 중생계가 다하고, 중생의 업이 다하고, 중생의 번뇌가 다하여도 나의 수순함은 다함이 없느니라. 염념이 계속하여 잠깐도 끊어짐이 없건만, 몸과 말과 뜻으로 짓는 업은 지치거나 싫어함이 없느니라.

인용문은 보현보살이 모든 중생들을 자신과 같이 생각하고, 그들을 부처 섬기듯 하면서 끊임없는 보살행을 실천하겠다는 내용이다. 이러한 보살행의 원력은 깨달은 입장에서 볼 때, 일체를 나 자신 혹은 자식처럼 생각한다면 자연스러운 보살행이 될 것이다. 하지만 아직 완전히 깨닫지 못한 수행자의 입장에서는 이러한 원력을 세워 실천해 나가는 것이 바람직할 것이다.

2. 화신·보현행의 요소

선사는 모든 중생은 본래부터 삼관三觀의 능력을 갖추고 있다고 하였다. 그러나 중생들은 그것을 몰라서 고에서 벗어나지 못하므로 방편상 세 번 죽는 관법수행을 제시하여 단계 없는 세 단계를 거쳐야만이 완전한 화신과 보현의 보살도를 실천할 수 있다고 하였다. 세 번 죽는 관법에 대해 다음과 같이 설하고 있다.

'처음에는 무조건 용광로에다 헌쇠 넣듯 놓아라. 나를 이끌고 가고 일체 만법이 들고 나는 곳은 거기니까 모든 것은 거기서 하게끔 하고 감사하게 생각하면서 거기 놔라.' 하는 것을 말했습니다. 그럼으로써 나를 발견해서 보는 단계가 되고, 나를 보는 단계에서는 둘이 아닌 도리를 알기 위해서 바로 거기에 또 놓고 가되, 안에서 어떠한 뜻이 오더라도, 무엇을 시키는 일이 있더라도 할 거는 하되 거기에서 하라는 대로 맹종하지는 말라고 한 겁니다. …

그러니까 안의 경계에 맹종하고 거기서 시키는 대로 한다면 안으로 기울어지고, 밖에서 끄달리고 또 밖으로 떨어진다면 밖의 경계에 기울어지는 것이니까 안으로나

밖으로나 맹종하지 말고, 모든 이치를 눈으로 보고 듣고 모든 것을 내가 주장해서 결정을 짓는데, 그 양면은 다 거기에 총괄이 돼서 그대로 법이 된다는 얘깁니다. 그래야만이 모든 경계나 망상이나 이런 것에 끄달리지 않고, 그대로 생각하면서도 걸림이 없이 그대로 자기가 주장자를 올바로 세우고 이끌어 나가는 공부라고 보겠습니다.

셋째 번에는 둘이 아닌 까닭을 알았기 때문에 둘이 아닌 나툼을 나툰다고 했습니다. 그 나툼이라는 것은 열반계를 말하죠. 즉 말하자면 열반각지涅槃覺地, 구경각지究竟覺地를 말한다 이겁니다.

선사는 인용문에서 수행의 세 단계를 제시한다. 첫째는 일체를 주인공에 놓아 나가면서 자기 마음을 탄생시키는 견성의 단계다. 두 번째는 견성 후 일체의 환상이나 신통들에 대해 집착하지 말고 다 놓을 때에 비로소 둘 아닌 도리로서 일체와 더불어 죽는 단계이다. 그리고 마지막으로 전체 유생 무생과 더불어 같이 나투는 단계인 열반의 경지이다. 열반의 경지 혹은 구경각지가 되어야만 진정한 화신과 보현행을 할 수 있다고 설한다.

선사는 보살행을 실천하기 위해서 위와 같은 단계 아닌 세 단계 깨달음의 필요성을 언급하고 있지만, 비록 견성을 하지 못한 범부일지라도 지극한 마음으로 한생각을 내면 우주법계에 펼쳐진 한마음과 연결되어 보살행을 할 수 있다고 누누이 강조하고 있다.

지금까지 우리들 각자에 부처·문수·보현의 능력이 갖추어 있는데, 이러한 원리를 한마음주인공, 한생각의 지혜, 나눔의 활용으로 설명하였다. 선사는 누구에게나 이러한 능력이 구족되어 있으므로 일상생활에서 활용하라고 강조한다.

다음 장에서는 이러한 삼관을 능력을 갖추기 위한 수행법인 믿음·놓음·지켜보기에 대해서 살펴보고자 한다.

제3장 선사의 관법수행

앞 장에서 선사 관법의 원리에 대해서 살펴보았다. 이 장에서는 선사의 실천론의 핵심인 관법수행의 구체적인 내용에 대해서 알아보고자 한다. 불교의 궁극적인 목적은 깨침과 자비에 있다고 할 수 있다. 따라서 깨침에 이르는 수행법의 중요성을 강조하지 않을 수 없다.

여기서 '관법'이라 하면 초기불교에서 말하는 '관觀', 즉 위빠사나에 한정된 말이 아니다. 앞서 살펴보았던 것처럼 선사가 말하는 관법은 천태나 화엄의 선사상의 전통에서 말하는 지관止觀, 정혜定慧처럼 깨달음에 이르게 하는 실천방법을 의미한다. 따라서 여기에서는 광의의 관법을 말한다.

선사는 "원래 참나인 주인공의 성품은 영원히 밝고 청정하여 걸림이 없음에도, 다만 중생심, 번뇌심, 삼독심 등의 망념으로 말미암아 가리어져 있으니 마치 맑고 밝은 하늘이 구름에 덮인 것과 같다."고 말한다. 즉 본래는 부처이지만 현실적인 인간들은 망념에 가리어져 있기 때문에 수행의 필요성이 있게 되는 것이다. 망념에 가리어져 있는 사람들에게 한마음주인공을 회복하도록 한 것이 관법이다.

선사의 관법은 본래성불의 입장에서 행해지는 것이다. 이미 부처이기 때문에 어찌 생각하면 특별한 닦음이 필요하지 않다고 할 수 있다. 상·상근기의 경우는 언하言下에 깨달아 돈오돈수頓悟頓修하기도 하지만, 일반적인 사람들은 닦음이 필요하지 않을 수 없다. 그러나 이러한 닦음은 차제次第에 의한 점차적인 닦음이 아니라 한마음주인공에 맡기는 공부이다. 그러나 수행은 깨닫지 못한 사람이 깨달아가는 과정에서 일어나기 때문에 점차적인 차제의 과정이 있다고 해석할 수도 있다. 이러한 선사의 관법수행에서는 '믿음', '놓음', 그리고 '지켜보기(관)'의 세 가지 수행법을 제시하고 있다.

제1절 믿음의 관법수행

1. 믿음의 의미와 대상

『화엄경』에서는 "믿음은 도道의 으뜸이요, 공덕의 어머니라서 일체의 모든 선근을 길러내어, 온갖 의혹의 그물을 끊어 애욕에서 벗어나, 열반의 무상도無上道를 열어 보인다."고 말한다. 또 『진심직설』에서는 교종과 달리 선종 조사祖師의 바른 믿음은 "일체 행위를 통한 인과因果를 믿지 않고, 다만 자기가 본래 부처라는 것만을 굳게 믿을 뿐이다. 천진한 자성自性이 사람마다 갖추어져 있고, 열반의 오묘한 본체가 각자에게 원만히 이루어져 있으므로 다른 데서 구하려고 할 필요가 없고 원래 자기에게 스스로 갖추어져 있음을 믿는 것이다."라고 말한다. 이처럼 '믿음'이란 교종과 선종을 막론하고 수행의 첫 출발점이자 마지막이라 할 수 있다.

선사는 "먼저 우리는 우리 속에 부처를 이룰 수 있는 힘, 불성이 있음을 믿어야 한다. 그런 다음에 정원사가 꽃나무를 가꾸듯이 불성을 살려내야 한다."고 말한다. 여기에서 '부처를 이룰 수 있는 힘'이란 표현에서 선사가 부처와 불성을 가능태로 보고 있다고 이해할 수도 있다. 그러나 선사가 말하고 있는 강조점은 '불성이 있음'에 있다. 여기에서 '불성'

은 곧 앞에서 말한 한마음이요, 주인공이다. 우선 수행에 임하는 자는 '불성'·'한마음'·'주인공'이 자기의 몸과 마음속에 있음을 믿어야 한다는 것이다. 그래야 그 불성을 살려낼 수 있다는 의미이다.

선사가 말하는 믿음의 의미는 본래성불에 입각한 믿음으로서 앞의 『진심직설』에서 말하고 있는 조사의 믿음과 같다. 이는 "내가 본래 부처이기에 사실 수행이라는 것은 없다. 강한 믿음이면 그뿐이다. 내가 본래 부처라고 아는 믿음이 확고하면 그것이 전부이다."라고 하는 데에서 분명히 나타난다.

본래성불을 굳게 믿으면 부처와 내가 둘이 아니게 된다. 부처와 나를 둘이 아니게 보는 선사는 경전에 대하여 새로운 해석을 시도하고 있는데, 예를 들어 『천수경』의 '개경게'를 다음과 같이 풀이하고 있다.

일체 모든 부처님의 마음은 내 한마음에 깊고 깊어
한 찰나에 부처님의 마음이요
한 찰나를 몰라서 끊임없는 억겁에 끄달리네

일체 모든 부처님의 마음이 내 마음이요

듣고 보고 행하는 그 모든 것 부처님 법 아님 없어
내 한마음이 바로 부처님의 법이며 생활일세

위 인용문의 '일체 모든 부처님의 마음은 내 한마음'이란 말에서 알 수 있듯이 부처님은 밖에 대상화되어 따로 존재하는 것이 아니라, 내 마음 안에 존재한다. 그래서 모든 부처님의 마음과 나의 마음이 하나로 연결되어 항상 작용하고 있다. 또한 '내 한마음이 바로 부처님의 법이며 생활일세'라는 말에서 알 수 있듯이, 부처님의 경전은 바로 내 한마음이 나투는 일상으로 전환되어진 것이다.

그렇다면 선사는 왜 관법수행의 첫 번째를 '믿음'에서 시작하는 것일까? 그 이유는 동아시아 불교에 큰 영향을 끼친 『대승기신론大乘起信論』의 제목에서 찾아볼 수 있을 것 같다. 책 제목은 바로 '대승에 대한 믿음을 일으키는 논서'이다. 여기에서 '믿음(信)'의 의미에 대하여 원효는 다음과 같이 말하고 있다.

'믿음(信)'이란 결정코 그러하다고 여기는 말이니, 이치가 실제로 있음을 믿으며, 닦아서 얻을 수 있음을 믿으며, 닦아서 얻을 때에 무궁한 덕이 있음을 믿는 것을 말하는 것이다. 이 중에서 '이치가 실제로 있음을 믿는다'는 것은 체대體大를 얻는 것이니, 일체의 법이 그 실체를 얻을 수 없음을 믿기 때문에 그 평등법계가 실제로 있음을 믿는 것이다. '닦아서 얻을 수 있음을 믿는다'는 것은 상대相大를 믿는 것이니, 본성의 공덕을 갖추어 중생을 훈습薰習하기 때문에, 곧 서로 훈습하면 반드시 마음의 근원에 돌아감을 믿는 것이다. '무궁한 공덕의 작용이 있음을 믿는다'는 것은 용대用大를 믿는 것이니, 하지 않는 바가 없기 때문이다. 만일 사람이 이 세 가지 믿음을 잘 일으킨다면 불법에 들어가서 모든 공덕을 내고, 모든 마경魔境에서 벗어나 무상도無上道에 이를 수 있을 것이다.

여기에서 원효는 믿음을 체·상·용 삼대三大에 배대하여 '이치가 실제로 있음을 믿으며, 닦아서 얻을 수 있음을 믿으며, 닦아서 얻을 때에 무궁한 덕이 있음을 믿는 것'이라고 믿음의 의미와 그 믿는 이유를 해석한다. 선사는 '믿음'을 통하여 본래 자기와 하나가 되어 자기의 참모습을 회복할 수 있기 때문에 절대적인 믿음이 필요하다고 말한다. 그래서 "자기가 자기를 믿지 못하면 이 도리를 체험할 수 없다.

자기가 어떻게 말을 하고 어떻게 한 발을 떼어 놓을 수 있는지를 모른다면 실험조차 해보지 못할 것이니 도리를 알 수 없게 된다."고 말한다. 또 "참나에 대한 믿음, 전체를 포괄하는 대공大空의 진리에 융합된 하나의 주처에 대한 믿음, 그것이 있어야 내가 태어나기 이전의 나와 현재의 나가 통하게 된다."고 말한다.

'믿음'이 관觀의 수행으로 성립되기 위해서는, 믿는 주체와 믿는 대상이 있어야 한다. 그러나 주체와 대상이 있게 되면 주객이 있게 되어 이분법에 떨어지게 된다. 주와 객이 존재하는 믿음은 본래성불의 입장이 아닌 수행을 통하여 깨달아야 할 대상을 상정하고 있는 것이 된다. 따라서 본래성불의 입장에서는 닦아야 할 수행은 존재할 수가 없고, 존재해서도 안 되는 것이다. 그래서 마조는 도불용수道不用修를 주장했고, 임제는 무사인無事人이라 했던 것이다. 만약 선사의 관법수행에서 믿음의 대상을 설정하였다면 본래성불의 입장과는 동떨어지게 되는 것이다.

그런데 선사는 믿음에 대해 자성, 즉 자기의 본래면목을 믿어야 하며 밖에 있는 어떠한 구세주도 내 마음 안에 있는 구세주만 못하다고 설하였다. 그런데 만약 '자성', '본래면목', '주인공' 등 무어라 하든 그것이 실제로 존재하는 어떠한

'실체'라 한다면 이는 '믿는 주체'와 '믿는 대상'이 있게 되어 상대의 세계에 떨어지게 된다. 그런데 선사는 비록 믿음의 대상을 설정하긴 하였으나, 그것은 실체가 공空한 것이며 임시적인 방편으로 세워놓은 것이라고 하였다. 이는 '주인공'을 통한 관법 수행에 대하여 말하고 있는, 다음 대목을 통하여 확인할 수 있다.

지금 말 그대로 우리는 주인이자 공입니다. 그렇죠? 내가 있으니까 주인이자 공이에요, 공! 이건 개별적인 나 하나가 아니라 포괄적인 하납니다. 전체가 흐름에 의해서 지금 운행이 되고 있죠. 그런 걸 거둬 잡은 겁니다, '주인공!' 하면. '주인공!' 하는 그 말 자체도 바로 방편으로 세워놓은 거죠. 거긴 주인공이라는 것도 붙을 자리가 못되죠. 허나 주인공이라는 그 방편의 말을 해놓고서 모든 것이 그 지금 끌고 댕기는 집도 마음도 모두가 그게 아니라면 지금 우리가 끌고 댕기지도 못하거든요.

위에서 볼 수 있듯이 한마음이란 우리의 '주인'이지만 그것은 실체가 아니라 '공空'한 것이다. 그래서 '주인공主人空'이라 이름 붙여 놓은 것이다. 그런데 중요한 것은 그것이 '방편'

혹은 '도구'로서 임시로 세워 놓은 것(假立)이란 사실이다. 이는 마치 강을 건널 때 뗏목이 필요한 것처럼, 혹은 고기를 잡기 위해 투망이 필요한 것처럼 공부하는 초심자들에게 '주인공'이란 방편을 세워 觀을 하도록 한 것이다.

2. 믿음의 기준

선사는 수행자들에게 관법수행을 함에 있어 무엇보다 믿음을 강조하였다. 일반적으로 수행자들은 진실하게 믿으면서 수행한다고는 하지만, 경계에 부딪힐 때 자신의 생각과는 달리 문제해결이 뜻대로 되지 않는 경우가 생기게 된다. 이것은 믿음의 부족으로 인한 것에서 찾을 수 있다. 이에 대해 선사는 다음과 같이 설한다.

> 그러기 때문에 그러한 문제들을 가지고 무조건 자기 끌고 댕기는 자기, 수억 광년으로부터 미생물서부터 끌고 진화시킨 그 주인을 어째서 믿지 않고 그러느냐 이거야. 진짜로 믿고, 진짜로 이걸 깨우치지 못했어도, 진짜로 믿고 거기에 놓고 생각하면은, 하면은 되는 거야. 그러나 진짜로 믿질 못하고, '어, 한마음주인공에다 놓고 하래니깐 뭐 그렇게 해보자.' 이렇게 하는 거는 아니야,

'아니올시다.' 그러니까 진실하고 이건 아주 굳건히 자기를 믿는 데서 한 달, 한 달이래도 굳건히 했으면 자기를 발견할 수 있는 그런 문제가 생겨.

여기에서 선사는 수없는 과거부터 함께해온 주인인 근본 마음을 절대적으로 믿을 것을 강조하면서 진짜로 믿게 되면 자기를 발견하게 되는, 곧 견성을 쉽게 할 수 있다고 하였다. 이와 관련하여 믿음이 곧 깨달음이라고 언급하는 경론을 살펴보면 『십법경』에 "믿음은 최상의 수레가 되어 바른 깨달음을 이룬다. 그러므로 믿음 등의 일을 지혜로운 사람은 공경하고 친근히 한다."라고 하였다. 그리고 『대승밀엄경』에는 "믿음은 곧 부처님의 몸이니 해탈을 반드시 얻게 한다."라고 하였다.

이처럼 기존 경전에서나 선사는 믿음이 중요하다고 하지만 진정한 믿음으로 들어가는 것은 결코 쉬운 일이 아니다. 일반적으로 사람들은 믿는다 하여도 그것은 사량적인 믿음일 뿐 진실한 믿음이 되지 못한다. '한마음주인공'이라고 임시적으로 세워놓은 말에 현혹되어, 이러한 것이 한마음이다, 저러한 것이 주인공이다 하면서 한마음과 주인공을 실체화하고 대상화하게 되는 것이다. 그러한 것은 진실한 믿음이라 할 수 없다.

 필자의 예를 들면, 출가한 지 2~3년 지나서 선사와 '수행'에 대해 개인적으로 점검을 받았던 일이 있었다. 그때 선사는 법문하던 중간에 필자에게 '믿어야 한다.'고 강조하였다. 필자는 이 말을 듣는 순간 분명히 근본 참나인 주인공에 대해 철저히 믿는다고 생각하였는데, 선사가 보기엔 그렇지 않는 것으로 이해되었다. 그래서 선사에게 필자의 심정을 이야기한 후 필자의 어떤 점이 믿음에 대해 잘못되었는지 질문하였다. 그러자 선사는 '일체가 주인공 자리에서 움직이고 보고 듣고 하고 있는 것을 믿어야 된다.'라고 설하였다. 선사의 대답은 여느 때처럼 평범한 법문으로 들렸고, 필자는 마음속으로 그렇게 하고 있다고 생각하면서 더 이상 묻지 않았다. 하지만 세월이 흘러 다시 생각해보니 필자가 100% 믿는다고 확신하였던 것은 진실한 믿음이라기보다는 사량적인 믿음이었던 것이다. 바꿔 말해서 필자가 진실한 믿음을 가졌다면 어떠한 경계에도 여여했어야 했는데, 그렇지 못하고 사량 분별과 집착으로 끄달린 삶을 살아온 것이 사실이다. 이와 같은 경우는 필자뿐만이 아니라 일반수행자의 경우도 마찬가지일 것이다.

 선사는 항상 모든 이에게 자비롭게 대해주지만 어떠한

경우에는 냉정하게 대하면서 스스로 믿고 수행할 것을 권하는 경우가 있다. 예를 들면 몸이 많이 불편한 어느 신도가 상당한 고통 속에서도 주인공에 관하지만 잘 안 된다고 하자, 선사는 단호하게 '왜 믿지를 못하느냐?'고 설하면서 이렇게 냉정하지 않는다면 한 치도 걸음을 떼어놓지 못한다고 설하였다. 이처럼 많은 수행자들이 관법을 수행하면서 경계에 부딪히면 믿고 관하지만 왜 해결이 안 되는지 의아해하기도 하고 중간에 포기하는 경우도 있다. 하지만 그러기에 앞서 본인이 제대로 주인공에 대해 제대로 믿고 있는지 점검해볼 필요가 있다. 그렇다면 선사가 말하는 믿음의 기준은 무엇인가? 선사는 진정한 믿음에 대해 다음과 같이 설한다.

진정한 믿음이란 나와 부처가 둘이 아니요, 나의 근본과 우주의 근본이 다르지 않아 한마음임을 철석같이 받아들이는 것, 바로 그것입니다. 그렇다면 무엇이 철석같은 것이냐. 앉으나 서나 자나 깨나 그런 믿음에서 떠나지 않는 것, 그야말로 사무치게 믿는 것입니다. 그렇게 사무치게 믿으면 생활이 그대로 참선이 되고 내가 살아서 움직이는 게 바로 화두가 되는 것입니다. 믿음을 공덕의 어머니요 깨달음에 이르는 길이라고 하는 까닭도 거기에 있습니다.

여기에서 선사가 설하는 진정한 믿음의 조건은 '나와 부처, 나의 근본과 우주의 근본이 하나'임을 진실히 믿는 것이라고 하였다. 비유하자면 나무의 가지와 줄기가 뿌리와 연결되어 있다는 것이 당연한 것처럼, 우리의 마음이 부처의 마음과 우주와 함께 연결되어 있는 것은 당연하다고 볼 수 있다. 이처럼 절대적인 믿음이란 곧 근본을 통해 나와 부처 혹은 우주와 하나가 되는 이치라고 볼 수 있다.

불교의 수행은 수증修證이라고 한다. 즉 닦음과 증득(깨달음)이 불교수행의 핵심이기 때문이다. 그런데 수修와 증證의 문제에 있어서 수와 증 사이에 차제가 있는 것인가, 아니면 수와 증이 동시에 일어나는가 하는 문제는 본각과 시각, 돈오와 점수 등의 불교학파 내에 많은 논쟁을 유발시켰다. 이러한 측면에서 선사가 말하는 수행은 기본적으로 본각과 돈오에 입각해 있다. 그래서 차제적인 수행법을 구체적으로 제시한 것이 아니라 '믿음'을 강조하는 것이다.

화엄에서는 수행에 대하여 차제가 있는 항포문行布門과 차제가 없는 성기문性起門을 동시에 시설하고 있다. 화엄에서 믿음이 충만하게 되면 초주初住가 되는데 이 초주가 바로 초발심인 것이다. 그런데 『약찬게』와 『법성게』에 "처음 발심한 때가 바로 정각을 이룬다."라고 하였다. 여기서 정각(正覺: Pāli sammā-sambodhi, sambodhi; Skt. abhisaṃbodhi)이라는 것은 수행계위의 마지막 계위인 묘각(妙覺: Skt. subuddhi, buddhâgrya, buddha, ā-√budh)을 말한다. 또 「현수품」에서는 "믿음이 충만하게 되면 여래의 경지에 이르게 하고, 해탈도를 보여주며, 수승한 지혜를 얻게 한다."고 하였다. 이러한 십신十信이 충만하게 되면 초발심주初發心住, 즉 초주가 되는데 「십주품」에서 초발심주를 이룬 보살은 부처님의 32상과 80종호 등을 보고 여래의 광대한 불법을 듣는 한편, 중생들의 고통을 보면서 온갖 보리심을 내어 온갖 지혜를 구한다고 하였다. 이는 모두 성기문의 입장에서 설명하는 방식이다. 그리고 『기신론』에 신성취발심信成就發心을 하게 되면 진여眞如를 바로 기억하며 즐거운 마음으로 선행을 하고 대자비심을 일으킨다고 하였다. 그리고 달마의 『이입사행론』의 이입理入에서 말하는 심신深信 또한 이러한 입장이라 할 수 있다. 이러한 내용들은 모두 '한마음을 철석같이 믿어야 한다.'는 선사의 입장과 동일한 것이다.

선사는 진심으로 믿는 사람이 드물다면서, 자식이 죽는다

하여도 여여한 사람은 아주 드물다고 하였다. 이러한 비유를 든 이유는, 우리에게 가장 소중한 것이 무엇이냐고 한다면 아마도 나와 내가 소중히 여기는 가족의 생명이라고 해야 할 것이다. 선사는 죽음이 앞에 닥쳐와도 두려움 없이 여여하다면 사는 도리가 있다고 한다. 이런 점에서 볼 때 우리가 일상생활에서 몸이 아프고 아무리 언짢은 일이 있다고 하더라도 마음이 산란함이 없어야 한다. 이러한 작고 사소한 것부터 실천될 때 자신의 죽음 등 큰 문제에도 여여하게 될 것이다. 선사도 생사에 관한 일까지도 근본의 뜻이라고 믿는다면 사소한 일은 맡기지 못할 이유가 없다고 하였다.

이상에서 살펴본 바와 같이 선사의 관법에서 말해지는 '믿음'이란 어떠한 믿음의 대상을 설정하고 상대적으로 믿는 것이 아닌 자신의 본래면목, 주인공에 대한 절대적인 믿음이다. 내가 무엇을 믿는 것이 아니라, 절대적인 믿음을 통하여 본래의 참나가 활동할 수 있게 하는 그런 '믿음'이다. 따라서 이는 『기신론』의 본각이나 화엄의 성기적 입장, 그리고 조사선의 돈오에 입각한 믿음이라 할 수 있다.

3. 못 믿는 이유

선사는 수행자들에게 무엇보다 자신을 이끄는 근본 참나,

주인공을 믿고 '주인공만이 모든 것을 해결할 수 있다.'고 관하라고 당부하였다. 그러나 우리는 실제로 문제에 봉착했을 때 주인공에 믿는다고는 하지만 제대로 못 믿는다. 선사는 이렇게 자기근본인 주인공을 믿지 못하는 이유를 다음과 같이 설한다.

사람은 믿음, 믿음이 제일입니다. 이것이, 모르면 믿기라도 해야지, 믿고 들어가면 차차차차 그게 물리가 틔어져서 알게 되는데 말입니다. 그래 '모든 것을 부숴버려라' 이러는 거는, 모든 것을 부숴버리기 이전에 내 생명, 내 이 육신 자체를 만약에 생명이라고 생각한다면 이거를 다 버렸다면 다른 것도 다 놔버릴 겁니다. 그런데 이놈의 거 이게 이 착着을 두고, 이 몸뚱이에 착이 있기 때문에 그 하는 것마다 착이 있는 거 아닙니까? 그리고 또 하는 것마다 착이 아니라, 모든 자식들도 하나하나 착이 있는 거예요. 아, 살다가 자식도 살다가 그만큼 살다가 죽으면 죽고 살면 사는 거고, 나도 그렇고 다 그런 거예요. 그거 뭐 그렇게…? 아니 억겁천 년서부터 자식이었습니까, 부모였습니까? 한 개의 그저 도반들이에요, 도반들. 그리고 그저 또 한동네 마을의 벗들이고요. 자식도 역시 마찬가지에요.

　선사는 수행자들이 믿지 못하는 이유는 무엇보다 집착 때문이라고 하였다. 자신의 육신에 대한 집착 때문에 믿고 놓지를 못한다는 것이다. 앞에서 언급했듯이 여래의 지혜는 중생들의 몸 안에 갖추어져 있지만 중생들이 착각하여 그것을 알지도, 보지도, 그리고 믿지도 못한다고 하였다. 이는 번뇌로 인한 전도망상이 되었기 때문이다. 예를 들면 '병이나 죽음 같은 힘든 경계를 만나도 주인공 근본 자리에서 나온 것이기 때문에 근본 자리에서 해결할 수 있게끔 고통의 느낌 등 일체를 놓아버려야 한다.'는 것을 이론적으로는 이해할 수 있다. 그리고 『반야심경』에서 언급하듯 '이 육신이 불생불멸하다.'는 것도 이해할 수 있다. 하지만 육체적 정신적 고통이 지속되게 되면 아픔이라는 고통과 죽음이라는 공포가 밀려와 몰록 놓아버리지 못하고 살려고 하는 마음이 든다. 경허의 일화에도 보면, 경허는 한때 강원의 강주로서 이론적으로는 모든 것을 이해하고 있었지만, 전염병 마을에 도달했을 때 죽음에 대한 공포로 살기 위해 급하게 그 마을을 빠져나왔다고 하였다. 이러한 경우는 모두가 자신의 몸에 대한 애착과 자기가 있다고 하는 집착 때문이다. 그리고 인연에 대한 애착으로 가족, 특히 자식에 대한 애착은 정말 내려놓기가 힘든 것이다. 하지만 자식을 비롯한 모든 인연들도 잠시 만난 인연이라 생각하며 놓는다면 집착이 없어질 것이다.

선사는 믿지 못하는 다른 하나의 이유는 이제까지 살아오면서 의심하는 마음 등의 습관 때문에 믿지 못한다고 설한다. 다시 말해 자신들이 여태까지 살아왔던 고정관념 등이 고착화되어 어려운 경계를 만났을 때 자기 자신을 믿고 놓지 못한다. 예를 들어서 남이 나에게 아무런 이유 없이 욕을 하게 되면 자신도 모르게 같이 화를 내고 보복을 하려는 고정관념이 있게 된다. 하지만 이것을 한번 돌이켜 '아, 전자의 내가 모자랐던 때의 모습이구나.'라고 여긴다면 마음이 오히려 측은해지고 자비심이 나게 되는 것이다. 이처럼 과거에 행하던 습관들을 단호하게 내려놓고 모든 것을 지혜롭게 생각하면 생활 속에서 참된 수행을 할 수 있다.

『대승기신론』에는 많은 사람들 중 진여를 믿고 못 믿는 이유에 대해 물었다. 이에 대해 답하기를, 진여 그 자체는 평등하지만 마음 본성에 대한 미혹, 즉 무명에는 천차만별이 있다고 하였다. 그러므로 무명이 엷은 이는 진여에 대한 믿음이 있고, 두터운 이에게는 믿음이 없다고 설한다. 이

논에서 언급된 아견애염번뇌我見愛染煩惱는 견혹見惑과 사혹思惑으로, 이들 역시 무명에 의해 차별을 일으킨다는 뜻이다. 진여는 하나이지만 무명의 염혹染惑이 차별되고 후박厚薄도 같지 않으므로 신해행증信解行證도 같지 않다는 것이다. 중생들 모두가 진여불성을 갖추고 있지만 무명으로 인해 견혹과 사혹을 일으키는데, 그 번뇌의 두터움과 얇음의 차이로 인해 차별이 일어난다고 하는 것이다. 『화엄론절요서華嚴論節要序』에도 "범부가 십신에 따라 들어가기 어려운 것은 모두 자기 스스로가 범부임을 인정하고, 제 마음이 부동한 부처임을 인정하지 않기 때문이다."라고 하면서 자신이 본래 부처임을 자각하라고 강조하고 있다. 이런 점에서 볼 때 우리가 진여에 대한 바른 믿음을 일으키기 위해서는 우리의 마음이 부처의 마음과 다르지 않음을 믿는 것이 중요하다.

우리의 본래면목을 믿고 실천하기 위해서는 우리가 갖고 있는 습과 집착 등에서 벗어나야 한다. 일상생활에서 어떠한 경계가 닥친다 하더라도 아상我相을 비롯한 사상四相에 대한 집착과 관습을 몰록 주인공에 놓아 근본 진여 자리로 돌아가야 하는 것이다.

4. 믿음의 공덕

선사는 자신의 참나인 주인공을 절대적으로 믿으라고 강조하면서 믿음에 대한 공덕을 다음과 같이 설한다.

> 주인공을 진실하게 믿고 그 자리에 일임하게 되면 왜 모든 일이 잘 풀리는가? 그것은 근본 자리에서부터 보이지 않는 힘이 우러나와서 유위의 법을 어루만져주기 때문이다. 주인공은 때에 따라서 다보여래가 되기도 하고, 지장보살이 되기도 하며, 관세음보살·문수보살·보현보살이 되기도 한다. 또 신장이 되기도 한다. 주인공은 무엇이든 아니 되는 게 없으니, 주인공 자리는 본래 공한 것이지만 그러한 묘법이 있다. 그러므로 일체를 주인공에 맡기고 놓는다면 주변이 화락해질 것이다.

이와 같이 주인공을 진실하게 믿었을 때 작용은, 삼신의 원리에 대해서 설명한 것처럼 근본 자리에서 상대에 맞게 응신·화신으로 작용을 하게 되는 것이다. 그래서 선사는 어려운 경계가 닥친다 하더라도 일단은 주인공을 믿는 것이 중요하며, 그렇게 근본 주인공을 믿고 놓아간다면 주변 일이 잘 풀리게 된다고 하였다. 이러한 맥락에서 선사는 주인공을 믿었을 때 인체에 어떠한 영향이 가는지 설명한다. 주인공을 믿고 마음을 내게 되면 대뇌를 거쳐 사대로 통신됨과 동시에 정수에 입력이 된다고 한다. 그리고 우리가 마음을 입력한 대로 과거의 업은 없어지고 새로 입력한 것이 현실화된다고 설하였다. 그리고 주인공을 믿으면 정신계와 물질계가 둘 아니게 함께 돌아간다고 설하였다.

『화엄경』에서 '믿음이 공덕의 어머니'라고 말한 것처럼, 믿음은 수행자에게 기본적인 요소임과 동시에 여래에 이르는 요소가 되기도 한다. '공덕의 어머니'란 뜻은 믿음으로 인해 여래의 무한한 공덕을 성취할 수 있음을 뜻한다. 이러한 믿음을 항시 유지할 때 수행과정에 닥치는 장애와 경계를 극복할 수 있고 아만을 잠재우게 할 수 있는 것이다. 또한 『화엄경』에 "이 법을 듣고 기뻐하면서 믿는 마음에 의심을 내지 않는 사람, 그는 위없는 도道 속히 이루어 저 여래와 평등해진다."라고 하였는데 이는 믿음이 충만하면 바로 부처와 동등해진다는 것이다. 이행구(도업)는 『화엄경』에서 「현수보살품」, 「보살십무진장품」, 「십지품」, 「입법계품」 등을 인용하면서 '보살이 믿음으로 인해 발심하게 되며, 팔난八難에서 벗어나 해탈도를 얻을 수 있으며, 모든 공덕을 낳고 선법을 길러 무상도를 성취할 수 있으며, 그리고 묘한 법을 깨달아 여래의 땅에까지 도달할 수 있다.'고 하였다.

『기신론』에서 믿음을 성취하여 발심했을 때 법신을 보게 되고, 본래 스스로 열반에 들어 있음을 알기에 어떠한 고난에도 겁약한 마음을 내지 않는다고 하였다. 여기서 언급한 발심은 신성취발심으로, 『원효소』에 의하면 십신十信의 수행에 의해 신근信根을 성취하고, 그것에 바탕을 두고 발심을 하며, 초발심주의 계위에 들어간 보살이 갖추는 수승한 공덕을 나타내는 것이다. 여기서 말하는 초발심이란 십신을 다 행하고 난 후에 초주에 들어간 상태를 말한다. 이때의 경지는 정각의 경지와 같은 것이지만, 과거로부터 지어온 무량한 번뇌가 단절된 상태가 아니기에 해행발심解行發心과 증발심證發心을 통해 번뇌를 제거하는 수행이 필요한 것이다.

제2절 놓음의 관법수행

선사는 관법수행에 있어서 앞에서 언급한 것처럼 주인공에 대한 믿음과 더불어 놓는 수행이 절대적으로 필요하다고 하였다. 특히 수행과정에서 어떠한 체험이 있다고 해서 자만하지 말고 일체를 주인공 자리에 놓아야 함을 강조한다. 여기에서는 '믿음'을 바탕으로 하는 '놓음'의 의미와 전거,

그리고 놓음의 종류 등에 대해 살펴보고자 한다. 먼저 놓음의 관법수행에 있어서 믿음과 놓음은 어떠한 관계가 있는가? 선사는 진정한 믿음에서 놓을 수 있다고 다음과 같이 설한다.

> '에이, 될 대로 돼라.', '어떻게 되겠지.' 하고 놓는 게 아니다. 믿음으로써 놓는 것이다. 모든 것은 주인공의 뜻이고, 모든 것은 주인공만이 할 수 있다는 믿음으로써 놓는 것이다. '잘되게 해주시오.'도 아니다. 그렇게 하면 벌써 둘이 된다. 오로지 거기서밖에는 해결할 수 없다는 일심으로 놓는 것이다.

선사가 강조하는 '주인공만이 할 수 있다.'라는 것은 '성자신해(性自神解: 성품이 스스로 신비하게 앎)'와 '공적영지(空寂靈知: 지극히 고요한 가운데 신령스럽게 앎)'의 마음을 의인화한 것이다. 어떤 경계가 닥칠 때 주인공을 믿고 거기에 놓아야 된다는 것을 사량적으로는 알고 있지만 진짜 현실로 닥치면 어떻게 해야 될지 모르는 경우가 생기게 되는데, 그 이유는 진짜 믿지 못하기 때문이다. 주인공에 대한 믿음이 형성되기 위해서는 먼저 이론적으로나마 주인공에 내포된 사상을 확실히 이해하고 이러한 것을 바탕으로 간절하게 믿어야 된다.

예를 들면 한 손님이 택시를 타고 A라는 목적지로 가는 길이라고 가정해보자. 손님이 기사에게 그 목적지를 아느냐 물어보니 안다고 해서, 손님은 택시기사를 믿고 편안히 있다 보면 목적지에 도착할 것이다. 그러나 손님이 기사를 믿지 못한다면 목적지까지 잘 갈 수 있는지 의심하며 불안한 마음이 지속될 것이다.

이처럼 우리가 '주인공이 모든 것을 해결한다.'는 믿음을 갖지 못할 때는 놓지 못하게 된다. 따라서 선사가 말하는 놓는다 함은 '내가 하는 게 아니라 주인공에서 하는 것이니 공空 자리에서 모든 것을 하는 것이다.'라고 굳게 믿는 것을 말한다. 이처럼 놓음이란 주인공에서 일체를 하는 것이라고 굳게 믿는 것이므로 놓음이란 곧 믿음이라는 등식이 성립되며, 놓음의 관법수행에서 믿음은 놓음과 불가분의 관계이다.

1. 놓음의 의미와 대상

선사는 관법수행에 있어 먼저 참나인 주인공을 진실로 믿을 것을 강조한 후 맡겨 놓으라고 하였다. 여기서는 맡겨 놓음을 편의상 '놓음'이라 한다. 선사는 놓음에 대해 다음과 같이 설하였다.

왜 내가 항상 여러분들한테 말씀드리느냐 하면은, '죄가 있든지 없든지 무조건 믿고 무조건 놔라' 이랬습니다. 그것입니다, 바로! 무조건 놓게 되면은 무조건 이 사대로 통신이 되면서, 이 모든 오장육부의 의식들도 통신이 되면서, 모두 이 대뇌를 통해서 정수에 입력이 된다고 그랬죠. 입력이 되면 내가 생각하고, 생각하고 '잘됐다, 못됐다'를 없이, 잘된 것도 못된 것도 무조건 그 착이 없이, '이렇다, 저렇다' 하는 분별이 없이 '여기다 가만 놓으면 된다'는 그런 생각으로서 그냥 놓게 되면, 앞서에 그 살아온 차원의 입력됐던 것이 다 없어집니다. 무조건 하고 없어지는 거죠. 무조건 놨으니까 무조건 없어지는 겁니다.

이 마음공부라는 것이 그렇게 오밀조밀하게 이유를 따지고, 분별을 하고, 이게 옳으니 그르니 하고는 저승 세상에는 맛도 못 봅니다. 죽는 사람이, 한순간에 숨이 끊어질 텐데도 불구하고 자기 자식들을 두고 죽으면서도 그거를 이유를 붙입디까? 죽는 사람은 이유를 못 붙여요. 그렇듯이 죽은 세상에 들어가서, 우리가 이 죽은 세상에 들어가서 모든 걸, 가고 옴이 없이 가고 오는 세상, 듣는 사이 없이 듣는 세상, 보는 사이 없이 보는 세상, 가고 오는 사이 없이 가고 오는 세상, 내가 자유자재로서에 '이렇게 하겠다' 하면 이렇게 하는 것, '저렇게 하겠다' 하면 저렇게 하는 것, 이게 평등공법의 원리입니다.

선사는 놓음과 관련하여 죄책감, 옳고 그름 등에 대한 집착과 분별심을 놓음으로써 자신이 입력했던 모든 업이 사라진다고 하였다. 그러면서 이러한 놓음이 바로 평등공법, 즉 한마음의 원리라고 설명하고 있다. 이는 승찬이 『신심명信心銘』에서 "지극한 도는 어렵지 않으니 오직 간택하는 마음을 없애라. 다만 사랑하고 미워하는 분별심만 사라지면 진리는 명백하게 드러나게 된다."라고 한 말과 일치한다. 선사는 '놓음이란 본래 일체가 고정됨이 없이 놓고 흐를 뿐인데, 그것을 모르기에 집착을 떼기 위하여 놓으라.'고 하였다. 그리고 선사의 『뜻으로 푼 반야심경』에 보면 "모든 중생들이 고정됨이 없이 나투어 돌아간다."고 하였다. 또한 선사는 놓음이란 "거기서 나오는 거니까 거기서, 공해서 나오니까 딱! 놓고 믿으면 '아 거기서 다 하는 거로구나.' 하고 믿는다면 그냥 몰록 놓는 거야."라고 하였다. 다시 말해 주인공에서 일체를 다하는 것이라고 믿는 것이 바로 놓는 것이다.

그러므로 선사는 본래부터 인간을 포함한 우주 만물이 고정되게 머물러 있지 않고(無住), 흘러가고 있으므로 어디에도 집착할 것도 없고(無執着), 분별할 것도 없다(無分別)고 하였다. 하지만 중생들은 그것을 모르기에 주인공에 놓으라고 설한다.

놓음의 자리는 믿음에서와 마찬가지로 주인공 자리에 놓는 것이다. 이와 관련하여 선사는 놓는 자리에 대해 다음과 같이 설한다.

어디다 놓느냐? 공空에다 놓는다. 공은 어떤 것이냐? 모든 생명이 같이 돌아가는 곳이 공이다. 그러면 나는 빠졌느냐? 나까지 거기 있다. 그렇다면 전체가 공이요 나조차도 공인데, 공에다 넣을 것은 어디 있고 뺄 것은 어디 있느냐? 전체가 공이라 본래로 놓아진 것이지만 도리를 모르니까 공에다 놓으라고 하는 것이다. 〈어차피 공한 도리이고 어차피 공한 내 몸이요 어차피 일체가 공해서 내가 하는 것조차 붙을 자리가 없이 공해버렸는데, 공에다 놓지 않으면 어떻게 하겠는가.〉

이와 같이 이미 이 세상 전체가 찰나찰나 고정됨이 없이 화하여 흘러가는 것이기에 붙잡거나 집착할 것이 못 된다. 하지만 중생들은 순경계順境界에 집착하여 머물러 있기를 원하고 역경계逆境界에는 벗어나려고 애쓴다. 순경계와 역경계 모두 고정됨이 없이 돌아가고 있음을 모르기 때문이다. 그러기에 그 고정됨이 없이 돌아가는 공空 자리에 놓으라고 한 것이다. 또한 놓는다 함은 선과 악이 나오기 이전 자리에 놓는 것이다.

선사는 또한 놓음의 대상과 관련하여 놓는 자와 받는 자가 다르지 않음을 강조하면서 놓는 자와 놓는 대상이 따로 있다고 생각하면 주인과 노예의 관계가 된다고 경고한다. 선사는 주인공을 몸체와 마음 내는 거와 불성으로 구분하는데, 이는 다시 말해 체·상·용 구조로 되어 있다는 의미이다. 그러므로 마음 내는 현재의식으로 주인공에 맡긴다 하여도 결국에는 근본 자리인 주인공에서 나오게 된 것이다.

관법수행에 있어서 많은 수행자들이 '놓아야 된다는 것을 알지만 마음대로 되지 않는다면서, 어떻게 하면 제대로 놓는 것인가.'에 대해 묻는다. 이에 선사는 다음과 같이 설하고 있다.

질문: 어린 자식들 데리고 남편 없이 살려니까 무척

힘이 듭니다. 스님께서 주인공에 일체를 놓으라고 하시는데, 아무리 놓아도 일이 뜻대로 되질 않습니다. 어째서일까요?

선사: 일체를 맡겨 놓고 죽어도 좋다는 굳은 믿음이 있어야 합니다. 놓는다고 하면서 살려고 놓으니까 결과를 탓하게 됩니다. 그냥 죽어버리려고 주인공에다 놓으세요. 그래야만 합니다. 믿음은 공덕의 어머니라 했는데, 어린아이가 엄마를 믿듯 철석같이 믿는 마음이 되어야 합니다. 요렇게 하면 사는 길이 생기겠지 하며 살자고 놓으니 제대로 되지 않는 것입니다. 옛말에 눈 뜨고 삼 년을 푹 쉬어라, 자거라 하였습니다.

여기에서 놓음이라는 것도 결국 믿음에서 비롯되는 것이다. 주인공에서만이 해결할 수 있다고 굳게 믿고 죽음까지도 놓아버릴 때 진정 놓음이라는 것이다. 예를 들면 어떤 경계에도 놓아야 한다고 이론적으로는 알면서 막상 경계가 닥칠 때, 예를 들어 몸이 심하게 아팠을 때 일단은 주인공 자리에 놓고 난 후 대처를 해야 하는데 몸이 낫기만을 희망하는 경우가 있다. 놓음이란 진정한 믿음과 함께 죽음까지도 주인공에 일임할 때 진정한 놓음이고 쉼이다.

선사는 신도들이 어려움을 호소하면 모든 것을 주인공에 놓으라고 한다. 그러면 신도들이 주인공에 놓아버리면 포기하여 아무것도 하지 말라는 것인가 하고 궁금해 한다. 이와 관련하여 선사는 놓는다 함은 중심을 잘 잡고 근본 자리를 잘 관하라는 것이지, 아무 생각도 하지 말라는 의미가 아니라고 설하였다. 근본 자리를 관한다 함은 일체가 근본 주인공에서 벌어지는 것임을 굳게 믿어서 유위법으로는 지혜롭게 해결할 방법을 모색해 나가라는 의미이다. 다시 말해 어떤 경계가 닥쳤을 때 중심을 잡지 못하면 당황하게 되고 침착하게 대처를 하지 못한다. 하지만 이런 경우 모든 것이 주인공의 작용이라는 것을 믿고 놓아 이러한 경계도 주인공에서 비롯되었다고 관해야 한다. 그러면 마음이 안정되면서 그 경계를 해결할 수 있는 지혜가 생겨나게 되는 것이다. 그래서 선사는 놓는다 함은 "첫째, 진실히 자기 자성 주인공을 믿어야 하고, 둘째, 물러서지 않아야 하고, 셋째, 그대로 믿고 활용하며 밀고 넘어가야 한다. 가만히 있으라는 게 아니다."라고 설하였다.

2. 놓음의 종류

앞에서 경전과 어록에서 쉼(놓음) 그 자체가 깨달음이고 부처와 조사가 다르지 않다고 하였다. 선사는 놓음에 대해 다양한 방법으로 설하고 있는데, 여기서는 크게 놓음에 내용과 방법 두 가지로 나누어 살펴보고자 한다.

먼저 선사는 놓음의 내용적인 면에서 다음과 같이 설하고 있다.

> 첫째는 나를 발견하기 위함이고, 둘째는 모든 것을 그 습을 모든 습을 녹이기 위해서고, 셋째는 위로는 내 마음이 녹음으로써 발견이 되고 발견이 되면서 위로는 조상들 전체, 일체제불과 조상들 모든 걸로 한마음이 될 수 있고, 가고 옴이 없이 서로 왕래를 할 수 있고, 아래로는 모든 곤충과 더불어 어떠한 생명체하고도, 예를 들어서 저런 식물이나 뭐 이런 거 하고도 같이 내용을 왕래할 수 있고, 보이지 않는 그 지옥고를 받는 그러한 그 악의 마음을 가진 사람들하고도 통할 수 있고, 그러기 때문에 이것을 놓지 않으면 안 된다는 거.

여기서 선사는 놓음의 내용을 세 단계로 나누어 첫째는 나를 발견하기 위해, 둘째는 모든 습을 녹이고 둘 아닌 도리 실천하기 위해, 셋째는 보살행의 실천을 통해 모든 중생들을 이익 되게 하는 데 있다고 한다. 이러한 세 가지 수증은 '바로 놓아야 한다는 것'이 바탕이 된다. 앞에서 살펴본 바와 같이 어록에서는 놓음이 바로 깨달음이며 부처이고 조사라고 하면서 돈오적인 깨달음에 대해서 언급하였다.

　선사의 관법은 앞서 언급한 바와 같이 모든 중생들이 본래 부처임을 믿고, 거기에 맡겨 놓는 본각적이고 돈오적인 수행법이다. 그런데 수행이란 현실적으로 깨닫지 못한 자가 깨달음에 이르는 과정에서 나오는 것이다. 이미 부처가 되어 있다면 수행의 필요성은 성립되지 않는다. 그래서 깨달은 선지식들은 위인문爲人門의 입장에서 시각始覺과 점수를 설하지 않을 수 없는 것이다. 선사도 대부분 중생들의 근기를 보면 바로 구경성불이 되지 못한다고 주장하면서, 이에 대해 점차적인 수행법을 보조적으로 제시한다. 그리고 이치적인 면으로 보면 견성을 하면 바로 구경성불과 다름이 없지만, 그동안의 내재된 습기를 제거하기 위해 점차적인 수행이 필요하다고 하였다.

　한편 선사는 놓음의 방법에 대해 수행자들의 상황에 따라 다양하게 설하였다. 여기서는 놓는 방법에 대해 '(나온 자리에)되놓음', '몰록(무조건, 일체를) 놓음', '굴려(다스려) 놓음', 그리고 '양면을 놓음'으로 구분해서 살펴보고자 한다.

1) 되놓음

앞에서 놓음에 앞서 진실한 믿음이 필요하다고 하였다. 믿음과 함께 놓는 수행이 필요한데, 우선 선사는 되놓음에 대해 다음과 같이 설한다.

> 그리고 주인공이라는 이 자체가 전자의 과거에 살던 그 숙명, 즉 말하자면 컴퓨터라고 합시다. 컴퓨터에 전자에 살던 것이 자동적으로 바로 입력이 됐던 겁니다, 여러분한테 다. 그래서 지금 현실에 나옵니다. 입력이 됐던 거기 때문입니다. 그러니까 그 입력을 지우기 위해서 그 입력된 데다 다시 맡겨 놓고 살아라 이겁니다. …(중략)… 그러니까 그 입력된 걸 없애려면 어떡해야 없애지겠습니까? 남들은 그것을 망상이라고 끊는다고 하지만 그게 물 끓는 거와 같은 겁니다. 끊는다고 끊어집니까? 그러니까 입력이 됐던 것이 나오는 거니까 입력을 되해라 이겁니다. 텔레비전을 켜느라고 눌렀는데 켜졌습니다. 끄려면 거기 다시 눌러야 합니다. 안 그럴까요? 모든 게 이열치열이에요. 그러니 나오는데다가, 용도에 따라서 우리 앞에 닥치는 거를 거기다 입력을 다시 해라 이겁니다. 그럼으로써 그 모든 가정에서 생기는 일들,

죽솥에서 죽 끓는 방울이 나오는 것도 잔잔해지죠. 왜냐하면 이 속이 죽솥과 같아요. 모두 그 생명, 의식, 모습 이것이 천차만별로 돼 있으면서 그때 인연 지었던 악업이나 선업이나 인연에 따라서 생긴 일들 그것이 다 여기에 있는 걸요. 그러면 안 나와요 그게? 나오지. 그러니까 그거를 지우려면 그렇게 하시라 이겁니다.

우리의 몸에는 전생에 살았던 것이 다 주인공 자리에 입력되어 있다. 예를 들면 업보성, 유전성, 인과성, 세균성, 그리고 팔자운명 등이 조금의 오차도 없이 입력이 되었다는 것이다. 그래서 입력되었던 것이 그대로 나오니 인과가 되어 병환이나 우환 등이 발생되어 나와도 한 치도 벗어날 수 없다고 하였다. 그러나 이러한 입력된 것을 없애기 위해서는 입력된 자리, 다시 말해 주인공에 되입력하는 것이 최선의 방법이다.

이와 관련된 내용을 경전에서 살펴보면 『화엄경』의 '일체유심조一切唯心造'나 『금강경찬요간정기』에 "삼계는 오직 마음이요 만법은 오직 마음이다."라는 내용과 맥락을 같이한다. 이 두 구절의 공통점은 세상의 모든 것은 마음이 창조한다는 뜻이다. 바꾸어 말하면 마음이 모든 것을 없앨 수도 있다는 논리가 된다. 어떠한 일이 나로부터, 아니면 타인으로부터 벌어졌든지 그것은 모두 마음에 의해 지어진 것이다. 그러므로 이 마음에 의해 지어진 것은 마음으로 해결해야 한다는 등식이 성립되는 것이다. 또한 한생각에 삼천 가지의 헤아릴 수 없는 현상, 다시 말해 지옥에서부터 부처세계까지 다양하게 펼쳐지는데 한생각을 잘 하게 되면 부처의 삶이 되는 것이다.

그러므로 선사가 강조하는 것은 주인공에 의해 만들어진 모든 번뇌 망념들을 없애기 위해서는 주인공에 되입력을 통해서 없애야 한다는 주장이다. 예를 들면 텔레비전 리모컨에 켜기와 끄기가 한 버튼에 있는 것처럼, 우리의 모든 것이 주인공에 입력되어 생생하게 벌어지던 것을 소멸하기 위해서는 같은 버튼을 눌러야 꺼지듯이 우리의 인과업보나 팔자운명을 없애기 위해서는 주인공 자리에 되입력을 해야 한다. 선사는 또한 카세트테이프를 비유하면서 테이프에 녹음되었던 것을 새로 녹음하기 위해서는 기존에 입력되었던 테이프에 재녹음을 하면 된다고 하였다. 선사는 되입력에 대해 설하기를, 자신에게 병이나 인과응보도 자기가 지어 놓은 것이니까 자기가 풀어야 한다고 하며 "주인공에서 나온 것이니 주인공이 고쳐라. 주인공 당신만이 할 수 있다."라며 되입력하라고 한다.

우리의 일상생활 과정에는 많은 시련과 고통을 겪게 된다. 선사는 이러한 고통이나 경계가 외부가 아닌 바로 자신에서부터 벌어졌기에, 해결하는 것도 바로 자신이라고 하면서 일체를 자신의 주인공에게 되입력하라고 강조한다.

2) 몰록 놓음

다음으로 몰록(무조건, 일체를) 놓음에 대해 선사는 다음과 같이 설하였다.

> '죽이든지 살리든지 만들어 놓은 당신께서 알아서 해결하시오!' 하고 일체를 턱 맡기는 게 믿음이다. 나고 죽는 것까지도 다 나를 있게 한 근본의 뜻이라는 믿음이 있다면 생활 중의 사소한 일 따위야 맡기지 못할 게 없다. 몰록 놓는 게 어떤 것이냐 하면, 예를 들어 그까짓 것 죽으면 죽고 살게 되면 살지, 그래 한 번 죽지 두 번 죽겠느냐 하고 배짱 두둑하게 믿으라는 것입니다.

위와 같이 일체를 몰록 놓으라는 방편을 제시하는 이유는 일부 신도들이 병고나 우환 등으로 인해 막다른 길에 처했을 때 복잡한 방법 없이 곧바로 일체를 주인공에 몰록 놓아버리게 하기 위한 것이다. 다시 말해 막바지 상황에서는, 정말 끄나풀에도 의지하고 싶은 마음일 때 일체를 주인공에 조건 없이 놓아버리게 이끄는 것이다. 선사는 놓는 데에 조건을 달지 말고 놓아야 하며 가난, 병고, 일의 성사여부에 상관없이 닥치는 대로 주인공만이 잘 인도할 수 있다는 믿음으로 놓으라고 한다. 이러한 놓음이 다겁생의 업보를 소멸하는 것이며 깨닫게 되는 것이라고 설한다.

이와 같이 수행하는 과정에 있어서는 모든 것을 조건 없이 주인공에 놓아버리는 실천이 필요하다. 왜냐하면 아무리 사소한 것이라도 습관적으로 놓다 보면 아무리 어려운 문제도 조건 없이 무심으로 놓을 수 있기 때문이다. 또한 선사는 무조건 놓는 것을 용광로에 비유하면서 용광로가 모든 것을 녹여버릴 수 있다는 믿음을 가지고 조건 없이 쓸어 놓아버리라고 말한다. 그리고 용도대로 나오는 것을 지켜보는 것이 관이라고 말하면서 조건을 붙이면 거기에는 삼독심이 붙는다고 설명한다.

일반적으로 용광로를 떠올리면 거기에는 붉게 이글거리는 것이 생각이 나며 무엇이든, 심지어 무쇠까지도 다 녹여버릴 수 있다는 믿음이 생긴다. 이처럼 우리가 주인공에 놓을 때는 어떠한 문제든, 심지어 생사까지도 해결할 수 있다는 강한 믿음을 가지고 조건 없이 놓아버릴 때가 진정한 놓음이라 할 수 있다. 그렇게 될 때 우리의 무명이 없어지고 자유자재한 생활을 할 수 있다.

3) 굴려 놓음

다음으로 굴려 놓음 내지는 넓게 성찰하면서 다스려 놓음에 대해 살펴보고자 한다. 굴려(다스려) 놓음에 대해 선사는 다음과 같이 설한다.

> '거기서 나오는 거니까 한 바퀴 굴려서 해라' 하는 건, 그 선장한테다 다 맡겨서 잘 굴러가고 잘 되는 건 항상 감사하게 생각하고 항상, 안 되는 거는 불화가 일어나거나, 안에서 일어나든 바깥에서 오든 그냥 거기서, 모든 거는 거기다 또 맡겨서 바꿔서 쓰란 말이야. 예를 들어서 의식으로 나쁜 생각이 들걸랑, 꿈을 꾸고도 '이게 나쁘다, 이거 이럭하면 안 되는데' 하는 생각이 들거나 …(중략)… '그렇게 안 되게 하는 것도 너 아니야.' 하고 놓으면서 그냥 굴려. 그러니까 바퀴에다가 넣으면 그냥 삼천 년 전으로 돌거나 삼천 년 후로 미래로 돌거나 이렇게 돌아

버리니까 자기가 그 업을 지은 거는 그냥 상상도 못하게 없어져.

우리의 삶 가운데 때로는 힘든 경계와 그로 인한 좌절감과 포기를 생각하게 되는데, 이러한 경계에 대해 선사는 비록 부정적인 느낌이 든다 하여도 잘 굴려서 놓으라고 한다. 예를 들어서 꿈에 나쁜 징조가 나온다면 그것에 대해 걱정만 할 것이 아니라 '너만이 그렇지 않게 할 수 있어!'라고 하면 진짜로 안 좋은 일이 발생할 것도 미리 막을 수 있다는 것이다. 특히 이러한 지혜로운 마음으로 한생각을 잘 돌이키면 시공을 초월하여 모든 업을 녹일 수 있다고 설한다.

선사는 또한 굴려(다스려) 놓음에 대해 이르기를, 일상생활 가운데 안팎으로 혹은 육근으로 들어오는 경계에 대해 그대로 반응하지 말고 안으로 굴려 놓으면서 밖으로 활용하라고 하고 있다. 그렇지 않으면 바깥으로 집착하기 십상이라고 설한다. 일상생활에서 예컨대 갑자기 누군가 몸이 불편해 병원에 가서 진찰을 했는데 암이라는 판정을 받았다고 가정하자. 일반적으로는 그러한 판단을 받게 되면 십중팔구 초조와 불안한 생각이 들고 삶의 의욕을 잃게 되며, 심지어 삶을 포기하기까지 한다. 그러나 이럴 때 습관적으로 반응하지 말고 침착하게 내면으로 다스려가면서 주인공에 굴려 놓아 작용해 나간다면 전자보다 지혜롭게 대처할 수 있다.

『능가사자기楞伽師資記』'보원행'에서 "현생에 어떠한 죄를 안 지었다 할지라도 고통을 받고 있다면 전생에 지은 과보가 지금에 나오는 것이니, 인내하면서 누구도 원망하지 말라."고 하였다. 만일 누가 이유 없이 욕을 할 때 습관적으로 아무 생각 없이 나오는 대로 판단하거나 말하지 말고, 모든 것을 내 탓으로 여기며 안으로 한 번 굴려서 내놓으라고 한다. 상대가 언짢게 해서 그대로 악의적인 말을 해버릴 게 아니라 '주인공 저 모습도 나의 몰랐던 때의 모습이구나, 그렇지 않게 너만이 할 수 있어!' 하고 굴려 놓으라는 것이다. 그렇게 되면 벌써 자비의 마음이 우러나고 부드러운 말과 행이 이어지게 된다. 이렇게 주인공을 믿으면서 안 좋은 일도 잘 되게 마음내서 굴려 나가는 것도 보살행이라고 볼 수 있다.

선사는 구정물이 들어오면 '새 물로 나오는 것도 너 아니야.' 하고 내 마음에서 정수역할을 하라고 표현한다. 굴려(다스려) 놓음은 주로 화나는 마음을 화나지 않게 하며, 구정물을 새 물로, 악한 마음을 선한 마음 등으로 전환하여 놓는 방법이다. 또한 선사는 좋은 경계는 감사하게 놓고 나쁜 경계는 좋게 생각해서 굴려 놓으면 좋은 생각으로 변화한다고 설명하고 있다. 다시 말해 순경계에 대해서는 감사하게 놓을 때 집착에서 벗어나게 되며, 역경계에 대해서는 그것을 좋게 바꿔서 놓으면 결과가 좋게 나온다는 것이다.

이렇듯이 굴려(다스려) 놓음은 일체를 무조건 놓기보다는 나오는 경계에 지혜롭게 다스리면서 대처하는 것이다.

4) 양면을 놓음

다음으로 양면을 놓음에 대한 것인데, 여기서는 좋고 싫음, 옳고 그름 등 이분법적인 생각을 모두 놓아버림을 말한다. 선사는 양면을 놓는 것에 대해 아래와 같이 설한다.

내가 이렇게 말하는 걸 딴 스님네들이 듣거나 또 어떤 분들이 들으면은 어폐가 있다고 하겠지만, 최상승에 이르려면 그렇게 하세요. 모든 것을, 잘못하고 잘하고 하는 양면을 다 놔라. 본래 이 진리가 양면을 놓고 가는 거다 이런 겁니다. 본래 양면을 놓고 가고, 본래 고정된 게 없이 찰나찰나 나투면서, 잠깐잠깐 나투면서, 보는 것도 나툼이요, 듣는 것도 나툼이요, 모두가 찰나찰나 나툼이고 찰나찰나 함이 없이 하는 거다 이겁니다. 좀 마음을 넓혀서 한번…. 죽는다 산다, 겁쟁이가 되지 마시구요.

이처럼 수행을 하다보면 상식적으로 도저히 용납이 안 되는 상황을 접할 때도 있다. 이러한 상황에서 잘잘못을 따지는 시비에 휘말리지 말고 일체가 공함을 자각함과 동시에 양면을 놔버리는 것이 중요하다. 이러한 가르침은 사실 일반인에게는 납득하기 어려울 것이다. 예를 들면 차를 운전해 가는데 누가 잘못하여 자신의 차를 들이받았을 때, 잘잘못을 따지지 말고 놓는다는 것은 이해가 안 될 것이다. 하지만 여기서 중요한 것은 냉철하게 양면을 놓은 다음에 지혜롭게 해결해 나가라는 메시지가 포함되어 있다. 일단 이 마음공부에 들어선다면 되는 것 안 되는 것, 옳은 것 그른 것 등 양면을 모두 다 주인공 자리에 놓아버리면서 물러서지 않는 패기가 중요한 것이다. 이는 좋고 나쁨 혹은 이분법적인 생각에서 벗어나 경계에 집착하지 않는 마음이 중요함을 가리킨다. 선사는 공부과정에서 옳고 그름을 시비하지 말라고 다음과 같이 설한다.

즉 말하자면 천상 인간에도 머무르지 말라고 그랬거늘

선善으로 나간다, 악惡으로 나간다 이건 잘못된 거고 저건 잘된 거다 하는 것을 배운다면 여러분은 이 공부 못합니다. 누구든지 이것은 옳은 일이고, 이것은 그른 일이다 이렇게 배우신다면 이 공부는 영 못합니다. 자유권을 얻지 못해요. 그래서 그른 것으로만 끝이 나는 것도 아니고, 또는 잘되는 걸로만 끝이 나는 것도 아니라, 잘되는 걸 취하다 보면은 어딘가가 잘못되는 수가 있고, 잘못되는 걸로 취하다 보면 잘되는 수도 있어. 양면을 다 놔야만이, 양 개체를 다 놔야만이 참나를 발견한다는 얘기죠.

이처럼 공부하는 과정에서 옳고 그름을 따지게 되면 진정으로 공한 자리를 터득하지 못한다는 것이다. 다시 말해 옳고 그름에 집착하는 마음이 없이 양면을 놓고 가다보면 이러한 것들이 고정됨이 없다는 것을 체득하게 된다는 것이다. 좋아하고 싫어하는 분별심을 내지 않는다면 참다운 도를 증득하게 되는데, 반대로 조금이라도 분별심에 집착하면 하늘과 땅처럼 도道와는 거리가 멀어진다고 경계하고 있다. 일반적으로 선악과 시비 등에 집착하고 마음이 움직이면 안 된다는 것을 알면서도 경계에 부딪히면 집착하고 옳다 그르다 하는 망념에 사로잡힌다. 그러므로 이러한 것에서 자유로워지려면 그러한 경계를 알아차리면서 양면을 내려놓는 것이 최선의 방법이 되는 것이다. 선사는 선악에 대해서도 선이다 악이다 구분하기 전에 양면을 둘이 아니게 놓아버리라고 한다. 여기서는 선악을 불이不二의 입장으로 봐야 함을 설하고 있다.

이와 관련하여 『열반경』에서는 공덕천녀와 흑암녀에 대해 언급하고 있는데, 이는 행과 불행, 좋고 나쁨 등은 동전의 양면과 같아서 항상 함께 하고 있다고 설한다. 결국 이분법적으로 간택하는 마음은 윤회의 근본원인이 되기에 간택하는 마음이 근본적으로 공이 되었을 때 윤회에서 벗어나게 되는 것이다. 사실 우리가 수행하는 과정에서 항상 부딪히는 것이 시비와 선악에 많이 집착하여 수행과 멀어지는 경우가 많은데, 이러한 것을 극복하는 데 양면을 놓아버리는 것이 해결책이 될 수 있다.

3. 놓음의 공덕

선사는 먼저 일상생활에서 일체를 주인공에 놓으라고 강조하고 있다. 그는 놓음으로 인한 공덕을 다음과 같이 설하고 있다.

그러니까 있으면서도 없고 그런 거니까, 그대로 "주인공!" 해서 주인공에다 그냥 일임시켜서 모든 거를 할 때, 어느 때에 부딪힐 때는 그게 의정이 나는 거거든요. 그러면 "그게 뭔가?" 하고선 인제, 주인공이란 이름에다 의정을 내는 게 아니라, 자기한테서 그, 그 의정이 나옵니다. 그 부딪힐 때, "야, 도대체 이것은 어떻게 해서 이 주인공에서 다 이렇게 할 수 있는가?" 또 "이것은 어떻게 해서 이게 이렇게 돌아가는가? 어떻게 해서 이게 이렇게 와 닿는데 둘이 아니래나? 모든 걸 왜 둘이 아니래나? 왜 모든 걸 비었대나?" 이게 의정이죠. 또 "니가 하는 게 아니라 참 니 주인공이 한다고 하는 건가?" 이게 의정이 아닙니까? 다 의정이죠, 모든 게. 그러니까 그거 하나만 쥐고 놓치지 않으면 의정은 저절루 나와요, 다.

위에서 '일임시키다'의 의미는 놓음을 뜻한다. 선사는 계속 주인공에 놓고 가다보면 자기 안에서 의정이 나온다고 말한다. 그러나 일반인이 처음부터 의정이 쉽게 나오지 않고 번뇌 망념이 일어날 때는 의인화된 주인공과 자문자답을 시도하라고 한다. 즉 주인공과 자문자답하라는 의미는 진심眞心을 지켜 움직이지 않게 하고 항상 깨어 있으라는 뜻이다.

이러한 과정을 통해서 내면에서 의정이 나오는가 하면 답답한 마음이 생기는데, 계속 참구하다 보면 그 의정이 풀리면서 참나를 발견하는 계기가 된다고 하였다. 선사는 또한 놓음으로 인하여 다음과 같은 공덕이 있다고 하였다.

다 놓고 돌릴 때 그 공덕은 무한량이다. 첫째로 일체의 오무간 지옥이 무너진다. 둘째로 인연 따라 억겁 전생부터 내려온 모든 습이 녹고 만다. 셋째로 번뇌 망상으로 꽉 찼던 그릇이 비게 되면서 마침내 빈 것도 없고 담긴 것도 없는 그러한 위치가 되어 바로 '참나'가 발견된다. 나가 발견된다는 것은 그때부터 기초가 튼튼해졌다는 뜻이니, 바야흐로 집을 짓는 기둥을 세울 수 있는 것이다.

필자가 놓음의 공덕에 대해 선사와 직접 문답을 했던 적이 있었다. 필자는 수행처에서 노동선을 하면서 본의 아니게 미물들을 해하게 되었다. 그러면서 '불교의 계율에는 수행자가 땅을 파는 등의 행위를 금지하고 있는데 왜 노동선을 해야만 하는가?' 하는 의문이 들었다. 그러면서 이러한 것을 선사에게 직접 물어보았는데, 이에 대해 선사가 답하길 '그러한 미물들의 마음을 주인공 자리에 놓으면 좋은 인연으로 승화할 수 있다.'고 하였다. 그러자 순간 필자가 '다겁생에 윤회를 하면서 죽이고 죽임을 당한 인연들을 상상하면서 그러한 인연도 놓으면 되냐?'라고 되물었다. 그러자 선사는 '그것도 집착을 해서 그렇지, 놓아버리면 아무것도 없게 된다.'고 하였다. 그러자 그러한 인연들에 대한 죄송한 마음이 없어지면서 '진실히 놓는다면 시공을 초월해 모든 것을 무마시킬 수 있다.'는 믿음을 갖게 되었다. 이러한 체험을 한 후 선사의 설법을 접하던 중 놓음과 관련하여 "좋은 마음을 내서 거기 이익하게 놓는다면 그것은 오간지옥 고래도 다 무너지고, 유전성도 무너지고, 영계성도 무너지고, 세균성도 무너지고, 모두가 오간지옥이 다 무너진다 이겁니다."라고 설한 부분에서 놓음의 중요성을 상기하였다.

선사는 또한 일체를 놓고 들어가다 보면 중생의 업보들이 보살로 화하게 된다면서 다음과 같이 설하고 있다.

모든 걸 놓고 들어가면 업보로 뭉쳐진 중생들이 다 그대로 보살로 화해서 놓는 자에게 쫓아온다. 거기서 호법신도 생기고 수호신도 생기고 화신도 법신도 생기고, 수도 없이 생기니 무심으로 다양하고 여여하게 쓸 수 있게 된다. 그러면 마음 편해 좋고 주위가 화목해지고, 하는

일마다 귀인이 생기고 마음이 떳떳하게 된다. 〈그것이 바로 도심이요 자유인의 경지요 부처인 것이다.〉

이와 같이 일상생활 중에 경계에 부딪혔을 때 일어나는 모든 중생심, 예를 들면 인과성이나 유전성 등을 놓게 되었을 때 바로 보살로 화할 수 있다는 것이다. 우리의 몸을 업식의 집합체로 본다면, 이러한 업식이 다 공한 상태가 되었을 때 깨달음이라고 한다면 공한 상태로 만들기 위해 놓아야 한다. 그러므로 지금 여기에 처한 상황에서 지혜로운 한마음으로 중생심을 보살심으로 바꾸기 위해서는 하나하나 놓아가면서 제도시키는 것이 바로 참선이다. 그러므로 포기하지 않고 자생중생을 제도하다 보면 결국에는 깨닫게 되고 보살행을 전개해 나갈 수 있다.

이상과 같이 선사의 '놓음'과 관련하여 살펴보았다. 기존 어록에서 나오는 '방하착放下着'을 우리말로 표현하면 '내려놓음'으로 선사가 말하는 놓음과 단어 자체는 같다. 하지만 방하착의 의미는 망념과 번뇌, 집착을 놓으라는 의미가 많이 함축된 반면, 선사가 말하는 놓음은 주인공에 대한 믿음과 나툼의 보살행까지를 포함하므로 방하착의 개념보다는 더 포괄적이라 볼 수 있다.

제3절 지켜봄(觀)의 관법수행

앞의 믿음과 놓음에 이어서 지켜봄에 대해 살펴보고자 한다. 선사는 지켜봄에 대해 '믿음'과 '놓음'을 전제된 '지켜봄'이 되어야 한다고 설한다. 지켜봄(觀)에는 대략 광의廣義의 관과 협의狹義의 관이 있다고 볼 수 있다. 광의의 관은 믿고, 놓고, 지켜보면서 자성을 발견하고 발견한 이후에 둘 아닌 도리를 실천하면서 결국에는 구경지에 이르러 나툼의 보살행을 실천하는 것이다. 이에 반해 협의의 관은 광의의 관 가운데 '지켜봄'에 한정할 수 있다.

1. 지켜봄(觀)의 의미와 대상

선사는 병환이나 우환 등을 해결하려고 수행자들에게 모두 관하는 방법을 알아서 관하라고 권하였다. 일체 만법이 주인공 자리에서 작용한다는 것을 믿고, 일체를 거기에다 놓고 일상생활에서 모든 것을 지켜볼 수 있다면 그것이 진정한 참선이면서 물러남이 없이 계속 정진할 수 있다고 강조하고 있다. 선사는 『한마음요전』에서 관에 대해 다음과 같이 설한다.

설사 자기 능력으로는 도저히 감당할 수 없다고 여겨지는 급박한 상황에 직면했다 해도 주인공 자리에 놓고 지켜보라. 관한다 함은 믿음으로 지켜보는 것이요, 결코 둘로 보지 않고 지켜봄이다. 주인공만이 주인공을 증명할 수 있다. 그것을 굳게 믿고 들어가는 것이 참선이자 관이다. 주인공에다 믿고 맡겨 놓고 무엇이 나오는지를 지켜볼 뿐 해결해 달라고 하지 말라. 〈수억겁을 거치며 입력된 것이 솔솔 풀려 나오지만, 닥치는 대로 놓으면 입력된 것이 지워지니 그것을 지켜보라는 것이다.〉

여기에서 관이란 '믿음으로 지켜보는 것이요', '주인공에다 믿고 맡겨 놓고 무엇이 나오는지를 지켜볼 뿐…'이라고 설하고 있다. 선사가 말하는 관은 초기불교에서 말하는 '있는 그대로 보는 것' 이외에 '주인공을 믿고 맡겨 놓음'을 전제로 하여 지켜보는 것이다. 다시 말해 주인공이란 '일체 만물 만법의 원소이며 핵이며 에너지'이며, 영원한 생명의 근본으로 우주와 직결되어 있고, 이 세상 만물과 가설이 되어 있어서 일체가 다 같이 공심으로 돌아가는 것이다. 그러므로 선사가 말하는 관은 주인공에 대한 철저한 믿음과 맡겨 놓음이 전제되어야 한다. 이러한 믿음과 놓음의 전제에는 주인공에 대한 믿음, 예를 들면 우리들 내면에는 무한한 능력을 갖추고 있고 어떠한 어려움도 극복해낼 수 있는 지혜와 힘이 있다는 것을 추호도 의심하지 않고 믿는 것이다. 따라서 믿음이 강하면 강할수록 자연스럽게 집착을 놓을 수 있고 지켜보게 되는 것이다. 또한 선사는 주인공에 대한 믿음을 전제로 놓고 관찰하면서 체험해 나가는 것이 참선이라고 설하였다. 이는 선사가 강조하는 참선이 생활을 떠나지 않고 일상생활에서 전개되어야 한다는 것이다.

여기서 선사는 지켜봄의 주체와 대상이 다르지 않다고 다음과 같이 설한다.

안으로 관한다 해서 관해지는 주인공과 관하는 내가 나눠지는 것은 아니다. 본래 하나이다. 맡긴다고 해도 맡는 것도 나이기에 맡기고 맡는 구별이 없으며, 지켜본다 해도 보고 보이는 구별이 없다. 만일 보는 자와 보이는 자가 있다면 그것은 참된 관이 아니다. 둘로 보면 기도를 하게 되지만 둘로 보지 않는다면 관할 뿐이다.

여기에서 관을 할 때 지켜보는 자와 지켜보는 대상과의 구분이 없다는 것이다. 이는 황벽이 말하는 "담연히 원만하고 고요하면 마음의 경계가 한결같다. 다만 이와 같이 잘되면 바로 몰록 깨닫는다."라는 것과 일치가 된다. 그러므로 관하는 나와 대상이 분리되면 이는 참된 관이 아니라 상대적으로 무엇을 구하는 기도가 된다. 처음 수행할 때는 지켜보는 주체와 대상이 구분되지만, 일념으로 지켜보는 것이 깊어지게 되면 그 주체와 대상이 하나가 되는데 이를 심경일여心境一如 혹은 주객일체主客一體라고 한다. 이는 간화선에서 화두를 처음 접할 때는 나와 화두가 분리되어 있지만, 점점 화두가 깊어지면 나와 화두가 하나가 되어 의단독로疑團獨露하게 되는 것과 같은 이치이다.

그러므로 선사는 일체를 관함에 있어 모두가 주인공의 작용으로 보고 일심으로 주인공에 놓으라고 강조한다. 그러다 보면 나중에는 지켜보는 주체와 대상도 없어져 무념무심이 된다고 하였다. 이에 대해서 3항에서 구체적으로 살펴보기로 한다. 위에서 '둘로 보면 기도를 하게 되지만 둘로 보지 않는다면 관할 뿐'이라고 하였다. 예를 들면 우리가 사찰에서 불상 앞에서 수행을 할 때, 불상은 부처이고 위대하다고 생각하면서 우리에게 복을 내려주십사 하고 수행하는 것은 기도가 된다. 하지만 **부처의 마음과 모습이 내 마음과 모습과 다르지 않다고 관하면서 수행을 해나가면 참선이**

되는 것이다. 이처럼 지켜봄에 있어서 주객이 분리되지 않고 하나가 되어 지켜보는 것이 진정한 관이라 할 수 있다.

2. 지켜봄(觀)의 과정

앞에서 지켜봄은 '믿음'과 '놓음'이 전제된 상태에서 진행되어야 하며, 지켜보는 과정에 있어서 체험하라고 강조했다. 선사는 체험에 대해 다음과 같이 설한다.

> 그러니깐 모든 것이, 우리 그 무한한 한생각의 마음이라는 건 우주를 싸고도 남고, 덮고도 남고, 들고도 남는다 이거야, 모든 게 거기 다 들어 있으니까. 그러니까 공부를 하는 데 이런 거를 내 이 주인공 안에 다, 우주 전체가 나와 더불어 같이 다 한데 공空했으니까, 내가 하나하나 체험을 하면서 살림살이를 지켜보면서, 자기가 생각하면서 지켜보면서 한번 체험을 해라 이거야. 하나 해보다 보면 아, 그런 것도, 안 되면 안 되는 대로 또 놓고, 되면 되는 대로 감사하게 놓고, 이렇게 하면서 물러서지 말고 자꾸 믿고 들어가면서 공부를 해봐라 이거야.

체험이란 경계에 일어나는 마음을 지켜보면서 때로는

무조건 주인공에 놓기도 하고, 혹은 나쁜 생각을 좋은 생각으로 굴려 다스려 놓으면서 그것에 대해 어떻게 작용하는지 지켜보라는 것이다. 이러한 체험을 강조하는 것은 일상생활에서 주인공을 믿고 놓으며 지켜보기를 하다보면 경계가 지혜롭게 해결되는 경우가 있다. 이러한 것을 지켜보다 보면 주인공에 대한 믿음이 점점 커지면서 내면의 힘도 키우게 되는 것이다. 더 나아가 선사는 이러한 수행을 반복하여 일상생활에서 일체를 지켜보고 가다보면 문득 자기 성품을 볼 때가 있다고 설하였다. 수행 초기에 내면에 놓고 지켜보면 어렴풋이 내면에 나 아닌 참나가 있다는 것을 느끼게 된다. 그러다가 점점 체험이 반복되다 보면 내면에 있는 참나에 대해 사무치게 알고 싶은 감정이 일어나기도 하고, 자연스럽게 참나인 주인공이 드러날 수도 있다. 이러한 것은 이론적으로 설명하기보다는 직접적인 체험이 무엇보다 중요하다.

다시 선사는 '지켜본다' 함은 단지 깨닫기 위한 것만이 아니라 열반에 이르기까지 모든 것을 누가 하는지 알아야 한다고 다음과 같이 설한다.

'나'라는 조건을 한번 돌아다보는 계기가 있어야 하고,
한번 돌아다봤으면 믿어야 하고, 믿었으면 맡겨야 한다.

맡겼으면 바로 거기서 일체 만법이, '내가 나왔기에 상대가 있고 세상이 벌어졌구나. 그러니까 나는 내가 끌고 다니는, 나는 내가 있기에 모든 것을 감지할 수 있고 알 수 있고 내놓을 수 있는 것이구나.' 하는 것을 진정으로 알아야 한다. 아뇩다라삼먁삼보리에 이르기까지, 무위세계·유위세계를 합쳐 중용하는 것까지, 구경각지에 이르는 것까지, 열반세계에 이르는 도리까지 다 배워서 안다 하더라도 그 전부를 누가 하는가 확연히 꿰뚫어야 한다.

이처럼 일체를 주인공에 놓고 지켜본다 함은 일체가 모두가 (참)나로 인해 벌어진다는 것은 물론이고 아뇩다라삼먁삼보리, 구경각지, 열반세계에 이르기까지 모든 것이 참나인 주인공의 작용이라는 것을 보게 되는 것을 의미한다. 지켜봄이 단지 견성하기 위해서만이 아니라 보림이나 그 이상의 경지를 체득하는 데에도 필요하다. 이에 대해 선사는 다음과 같이 설한다.

여러분이 그저 모든 걸 지켜보고 관하라 이랬죠? 응, 그러니 "뭐 지킬 게 있느냐?" 이러지. "지키는 놈은 어떤 거냐?" 이래요. 또 그러는데 그대로 자기가 '거기서밖에는 해결할 수 없다.' 그리고 거기 맡겨 놓으면, 맡기는 놈도 그놈이요, 지키는 놈도 그놈이다 이거야. 지켜봐라 이거야. 그러면 거기에서 또 감응이 되고 실험이 된다 이거야. 그러면 체험을 거기서 하게 되고, 또 어떻게 닥쳐오면 갖다놓고 또 하다보면 체험이 되고 또 체험이 되고 그게 바로 하나하나 쌓아서 탑 올리는 거나 마찬가지다 이거야. 그렇게 하다보면 물리가 터지고, 그렇게 하다보면 홀연히 자기를 자기가 알게 되고, 그럭하다 보면 둘 아닌 도리를 알게 되고, 그렇게 하다보면 바로 둘 아니게 나투는 도리를 알게 된다 이거죠.

여기서는 특히 선사의 수증관을 엿볼 수 있다. 선사는 주인공에 맡겨 놓고 지켜보라고 하였는데, 여기서 주인공에 대한 믿음은 필수적인 사항이다. 그렇게 '믿고' '놓고' '지켜봄'을 꾸준히 하다보면 처음에는 감응이나 느낌이 오고, 그것들이 모여서 견성과 둘 아닌 도리, 그리고 나툼의 도리를 알 수 있다고 하였다.

선사의 구체적인 수행방법으로 제시한 관법은 천태가 지관을 원돈지관圓頓止觀과 점차지관漸次止觀으로 같이 제시한 것처럼 돈오와 점수의 수행법을 동시에 제시하고 있다. 그것은 "내가 본래 부처이기에 사실 수행이라는 것은 없다. 강한 믿음이면 그뿐이다. 내가 본래 부처라고 아는 믿음이 확고하면 그것이 전부이다. 그러나 중생의 근기는 매우 다양함으로 여러 가지 방편이 있게 된다."는 말에서 알 수 있듯이 근본적으로는 돈오성불의 방법을 제시하고 있지만, 근기에 따라 방편으로 점수의 방법을 시설하였음을 알 수 있다. 선사가 수행 초기에 사소한 것부터 주인공을 믿고, 놓고, 그러한 상태에서 지켜보는 것이 중요하다고 강조한 것은 지눌의 돈오점수와 가까운 수행체계라 할 수 있다.

3. 지켜봄(觀)의 제상諸相

선사는 관법수행에 있어서 놓는 관, 둘 아닌 관(不二觀), 내 일심으로의 관(一心觀), 일심도 없는 무심관無心觀 등이 있다고 하였다. 선사는 또한 내용적인 면에서 관한다 함에는 고정됨이 없으나 처음부터 무심관이 되기는 어렵다고 하였다. 방법적인 면에서 지켜봄에는 수행자가 처한 상황에 따라서 다양한 방법으로 지켜봄을 할 수 있다. 이제 지켜봄(觀)의 제상諸相에 대해서 살펴보는데, 여기서는 주로 '일심관', '불이관', 그리고 '무심관'을 중심으로 살펴보고자 한다.

1) 일심관에 대해

선사는 처음 수행하는 이들은 오직 주인공을 붙들고 들어가야만 한다고 강조하면서 일심관에 대해 다음과 같이 설하고 있다.

> 그러니까 이거 봐. 쌀알이 어디에서부터 생겼는가? 그게 종자가 되려니까 자기가 쌀 이렇게 과정, 길러지는 과정, 씨를 심어서 이 싹이 나서 또 씨를 낼 때까지 필요한 거야. 그런데 일심一心으로 들어가야만 된단 얘기지. 한 데서 찾으면 안 되고 한 데에 끄달려도 안 되고 오직 거기다가만 그냥 항상, 그릇이 항상 비게 '너만이 할 수 있어.' 또 때에 따라서는, 그건 사람한테 닥쳐오는 대로니까. '너만이 해결해줄 수 있어. 너만이 보디가드가 돼줄 수 있고, 너만이 이끌어갈 수가 있고, 너만이 네가 있다는 걸 증명해줄 수 있고….' 이거 그냥 뭐, 모두가 거기야. 모두가 거기라야만이. 예전에는 그렇게 부처님께서 말씀하셨듯이 몇 년, 몇 십 년이 가도 자기와 자기가 상봉을 못하는가 하면, 일 년 이태가 가다가도 자기와 자기가 상봉이 된다.

인용문에서 관법수행에 있어서 먼저 자신의 내면에 참나를 발견하기 위해서는 일체를 일심으로 놓아야 한다고 강조하고 있다. 여기서 선사가 말하는 일심은 크게 두 가지로 해석할 수 있다.

첫째의 일심一心은 『기신론』에서 설하고 있는 일심과 동일한 경우인데, 선사는 일심에 대해 '만법이 일심으로 들고 일심에서 만법이 나간다.'고 하면서 '일심에서 들고 나면서 더불어 공하였으므로 주인공이다.'라고 하였다. 그러므로 여기서 언급하는 일심은 한마음을 일컬으며 또한 주인공인 것이다.

두 번째의 일심은 '오로지', '오직'의 의미가 있는데, 이 경우는 일심관을 일심으로 관한다는 의미로 부사적 용법으로 쓰이는 경우이다. 그러므로 인용문은 일심으로의 의미에 더 가깝다고 볼 수 있다. 선사는 '일심으로' 혹은 '오로지'에 대한 일심관을 추가로 언급한다.

내 몸통 이 통에서 벗어나지 못하면, 이 세상의 주머니에서 벗어나지 못하면 이 세상의 큰 주머니에서도 벗어날 수 없는 거지. 이 간단한 문젠데도 간단하지 않아, 모르는 사람들은. 오로지 그래서 그 작업을 해라. 작업을 하는 동안에 오로지 네가 있으면 너의 불성도 너한테 있다. 그러니까 오로지 너의 불성만이 너를 이끌어줄 수 있고 너를 살게 할 수 있고 공부하게 할 수 있다 해도 그거를 영 말을 안 들어. 안 듣는 사람이 많지. 그리고 믿어도 설 믿고. 이 꽃나무든 나무든 자기 뿌리가 자기 몸뚱이를 살린다고 생각을 하고 안다면 어떻게 뿌리를 무시하겠습니까. 믿는다 안 믿는다 그런 말이, 어디 언어가 거기 붙느냐 이거에요.

여기서 오로지 불성을 믿어야 몸통에서 벗어날 수 있다고 하였는데, '오로지'는 '일심으로'의 부사적 용법으로 한 곳에 마음을 집중한다는 의미이다. 그러므로 **선사가 언급하고 있는 '일심관'에는 『기신론』에서 언급하는 한마음(一心)을 뜻하는 의미로, 다음에 나오는 '둘 아닌 관'과 '무심관'과 같은 차원으로 지켜보는 경우와 '오직'이나 '오로지'와 같이 한 곳에 집중하는 의미가 있다고 볼 수 있다.** 후자의 경우는 참나를 발견하기 위해서 일심으로 모든 것을 놓으면서 실천해 나가는 관법이다.

2) 불이관에 대해

선사는 '불이관'을 실천함에 있어서도 지켜봄을 내용적인 면과 방법적인 면으로 제시하였다. **내용적인 지켜봄이란 먼저 견성한 이후에 둘 아닌 이치를 관해 나간다는 것이고, 방법적인 지켜봄은 깨달음에 관계없이 일체를 둘 아니게 관한다는 것이다.**

먼저 차제적인 내용으로 선사는 '둘 아닌 도리'를 진짜 실천하기 위해서는 자신의 참나를 발견해야 한다면서 다음과 같이 설하고 있다.

> 예를 들어서 내가 나를 발견하지 못한다면 이게 스스로 마음에서 감응이 돼서 나오는 게 바로 자기 발견이야. 이렇게 해가는 거야. 오로지 거기에만이 그냥 그, 앉으나 서나 누우나 자나 깨나 지가 저 끌고 댕기는 거 아니겠니? 그러니까 진짜로 믿어야지. 그렇게 믿고 간다면 그게 발견이 되고 발견이 됨으로써 인제 둘이 아닌 도리를 그때서야 인제 배우는 거야, 진짜로! 말만 듣던 둘 아닌 도리를 진짜로 배우는 거야. 그래가지고 또 그렇게 둘 아닌 도리를 배우면 내가 설법해 놓은 게 있기 때문에 그냥, 나투는 방법은 그냥 순식간에 알아져.

여기에서 선사는 수행에 있어서 단계 아닌 단계를 거쳐야 한다고 하였다. 처음 단계에는 나를 발견하기 위해서 일체를 주인공에 놓는 수행이 필요하다고 하였다. 다음으로 나를 발견한 이후에는 둘 아닌 도리를 점차적으로 터득해 가는 과정이라고 설하였다. 선사는 나를 발견한 이후에 둘 아닌 수행법으로 내 몸에 있는 중생들, 일체 생명, 그리고 부처와도 둘로 보지 않는 것을 습득하는 과정이라고 하였다. 그러한 예로 체體와 용用을 아버지와 자식과의 비유를 들면서 설하였다. 이처럼 자신의 참나를 발견한 이후에 계속 놓고 가다보면 부처와 일체중생, 그리고 정신계와 물질계, 선과 악, 옳고 그름 등을 둘이 아닌 중도로 바라볼 수 있다.

불이법不二法을 실천하는 전거로『불소행찬』「수재취상조복품守財醉象調伏品」에 보면, 데바닷타는 붓다를 살해하려고 코끼리에게 술을 먹여 붓다를 공격하게 하였다. 그러나 붓다는 태연하게 술 취한 코끼리를 멈추게 하여 무릎을 꿇게 하였다. 붓다는 자신의 마음과 코끼리의 마음을 둘 아니게 작용하여 붓다가 직접 코끼리의 마음을 조절하는 이치이다.

또한 불이법은『기신론』에서 말하는 일심이요,『유마경』에서 말하는 불이법이다.『유마경』「입불이법문품入不

二法門品」에서는 '생생과 멸滅', '아我와 아소我所', '더러움과 깨끗함', '선과 불선', '죄와 복덕', '유루有漏와 무루無漏', '생사와 열반', '아와 무아', '색과 공', '어둠과 밝음', '집착과 무집착', '정도正道와 비도非道', '일체법에 대해 말이 없고, 설함도 없으며, 가르치는 일도 없고, 모든 질문과 대답을 떠나는 것' 등이 불이법에 들어간다고 말하고 있다. 이에 대해 유마는 묵언을 함으로써 불이법문不二法門의 최상을 보였다.

앞에서 언급한 둘 아닌 것을 관한다는 것은 깨닫고 난 후에 행해지는 내용을 설명하고 있다. 그러나 둘 아닌 것을 관하는 경우에도 깨달음에 관계없이 관할 수 있다고 선사는 설한다. 선사는 또한 깨닫기 전에 불이관不二觀을 실천할 수 없다는 고정관념을 가질 것이 아니라, 의식적으로나마 둘 아니게 보아야 한다고 강조하고 있다.

마음공부 가르치는 이 도리는 그렇게 탁 터진 길이란 말입니다. 사방이 탁 터지고, 우주 전체가 다 요 손안에…, 부처님 손안이라는 말 있죠, 부처님 손안에 모두가 있는 겁니다. 그런데 보살은 부처님의 화신이니까 부처님 손안에서도 벗어나서 별일 다 하겠죠. 그러니 여러분들이 첫째 믿어야 하고, 둘째 물러서지 않아야 합니다. 둘로 보지 않는 법이 물러서지 않는 법입니다. 남의 남을 원망하고 그렇게 둘로 보지 마세요. 사회에 나가서든 회사에 나가서든 '저것도 내가 몰랐을 때 내 모습이지, 모든 게 내 탓이지.' 이러다가, 정히 못 견디겠걸랑 '내가 딴 데로 가든지 저이가 딴 데로 가든지 주인공밖에는 해결할 수 없다.' 이렇게 그냥 해버리고 마는 거죠.

이와 같이 선사는 비록 깨닫지 못했더라도 일체를 내 모습으로 보면서 내 탓으로 돌리면서 남을 원망치 않으면서 수행에서 물러서지 않는 것이 중요하다고 강조한다. 예를 들면 일상생활 가운데 대인관계에서 타인과 다툼이 일어날 때, 타인의 마음도 내 마음과 둘이 아니게 보며 관하게 되면 나 자신부터 부드러운 언행이 나가고 타인도 그렇게 반응을 하게 된다. 한편 이러한 과정은 아래로는 하찮은 미물에서 위로는 부처에 이르기까지 그들의 모습과 마음이 내 모습과 마음과 둘이 아님을 체득해 나가는 것이다.

이러한 불이관은 일상 속에서 누구나 경험하곤 한다. 예를 들어 스님들이 참선하는 선원에서는 한철 사는 데 각자 소임을 보고 산다. 다각실은 누구나 다 이용하는 장소여서 다각 소임자가 항상 신경을 써야 한다. 한 스님이 하루는 다각실에 쓰레기통이 꽉 차 있는 것이 보였다. 그래서 마음속으로 다각 소임자 탓을 하려는 순간 '내가 그들과 둘이 아니기에 내가 치우면 된다.'는 생각을 하게 되었다. 그리고 쓰레기를 치우면서 이러한 마음가짐이 둘 아닌 도리를 실천하는 첫걸음임을 알게 된다.

이처럼 우리 주변에서 둘 아니게 보고 둘 아니게 실천할 수 있는 일들이 많이 있다. 둘 아닌 도리를 실천하기 위해서는 무엇보다 일체를 둘 아니게 보아야 하고 내 모습처럼 보아야만 우리 마음이 그렇게 인식이 되고 행동이 이루어진다. 우리들 주변에 많은 범죄와 좋지 않는 일들이 벌어지곤 한다. 이러한 일을 저지르는 자들이 내 모습처럼 둘 아니게 생각한다면 그들을 원망하기보다는 측은한 자비심이 나온다. 그러다 보면 상대방을 원망하기 보다는 이해하게 되며 그러한 에너지가 모여 살기 좋은 사회를 이루게 되는 것이다.

이러한 일체를 둘 아니게 봄으로써 얻어지는 공덕이 있는데, 이에 대해 선사는 다음과 같이 설한다.

단 하나 있다면 둘로 보지만 않는다면 모두가 벌레 하나도 나와 둘이 아니다. 그러기 때문에 산을 보면 산신하고 둘이 아니요, 나무를 보면 목신하고 둘이 아니요, 물을 보면 용신하고도 둘이 아니요, 들을 볼 때는 들신하고도 둘이 아니요. 부처를 보면 부처하고도 둘이 아니요. 마구니를 보면 마구니를 보고도 둘이 아니요. 모두 둘이 아니기 때문에 원통력을 발휘할 수 있지, 만약에 둘로 나뉘어졌다면 원통력을 어떻게 발휘하나?

일체를 둘 아니게 보고 내 탓으로 여길 때 거기에는 많은 이점이 있다고 하였다. 특히 이 가운데 원통력을 발휘할 수 있다고 하였다. 선사가 말하는 원통력이란 원심력이라고도 하는데 내 몸 안에 있는 수십억의 중생들로부터 바깥의 생명들 전체가 같이 돌아가기에 원통력이라고 하였다. 그 외에도 지혜가 생기고, 정법의 이치를 알게 되며, 자비의 마음이 저절로 나와 함이 없는 무주상보시가 스스로 행해진다고 하였다. 선사가 설한 것처럼 둘이 아닌 도리를 이해한다 하더라도 실천하는 것은 정말 어렵다고 본다. 예를 들어 누가 나에게 사기를 쳐서 집안이 탕진했다고 가정해보자. 이 경우 상대를 내 모습처럼 보면서 이해하기란 정말 어려운 것이다. 하지만 이것을 인내하고 실천하기 위해서 수행이 필요한데, 일체를 내 모습으로 보며 주인공에 놓아가는 것이 수행의 핵심인 것이다.

이상과 같이 둘 아닌 관을 함에 있어서 깨달은 후에 차제적으로 관하는 내용적인 지켜봄이 있고, 깨달음에 상관없이 일체를 둘로 보지 않고 관하는 방법적인 지켜봄이 있다.

3) 무심관에 대해

선사는 무심관에 대해서도 내용과 방법의 두 가지로 설하고 있다. 우선 내용적인 면에 대해서, 수행의 단계 없는 단계에서 나를 발견하고 둘 아닌 도리를 실천하고 나면 무심행을 실천할 수 있다고 하였다.

> 이 도라는 것은 모두가 아까도 얘기했듯이, 전체 공생·공용·공체·공식화하는 이 도리 속에서 찰나에 나투면서 화하면서, 바꿔지면서 돌아가는 이 자체를 확신하고 그게 물리가 터지면 그게 무심 도리라고 봅니다. 그게 도란 얘깁니다. 인간이 모든 것에 물리가 터져서 자기가 자길 깨달아서 둘이 아니게, 저 사람도 둘이 아닌 그 도리를 알면, 아까 얘기했죠. '전기 전력은 다 똑같았는데, 똑같은 반면에 전구는 너 전구가 따로 있고 나가 뚜렷하게 따로 있느니라.' 하는 그 도리를 알면 그게

자유 도인이죠, 자유스럽게 살 수 있는 도인.

그래서 도인이라는 것은 별다른 게 도인이 아니라 인간 자체가 자기 먹을 거 자기가 다 찾아 먹을 줄 알고 남을 찾아 줄 줄 알고, 자기가 자기를 다스릴 줄 알고, 무의 세계 유의 세계, 즉 말하자면 보이지 않는 마음들이나 보이는 마음들을 자기 벗으로 알고 모두가 둘이 아님을 안다면, 한 찰나에 빛보다 더 빨리 이 세계뿐만 아니라 우주 전체를, 어느 혹성이라도 탐험할 수 있고, 내가 여기만 사는 게 아니라 어디고 다 살고 있다는 그것이 바로 무심 도리를 안다 해서 도인이라고 합니다. 도라는 것은 어느 것을 규정지어서 이것이 나다 하는 게 아닌 것이 도니까요.

이와 같이 무심관을 하기 위해서는 먼저 무심이 되어야 하는데, 선사는 무심이란 이 세상이 공생·공용·공체·공식화한다는 것을 알게 되면 그것이 무심이라고 하였다. 그리고 무심도인은 자기가 배고프면 밥 먹고 졸리면 자는 등 자연스러운 삶을 사는 사람이라고 하였다. 더 나아가 어떠한 경계에도 여여하게 다스릴 줄 알고 남에게 무주상을 해줄 수 있게 되는 것이 무심 도리라고 하였다. 다시 말해 한 찰나에 지구뿐 아니라 우주 전체를 오고가면서 응해줄 수 있는 자가 무심도인이라고 하였다. 일반 중생들은 무심의 행을 하고 있건만 무심의 용을 쓰지 못하지만, 진정한 무심은 중생들이 생각하지 못하는 경지로서 진공묘유眞空妙有하여 자재하게 누진통을 할 수 있는 경지이다.

이처럼 선사의 무심사상에는 모든 번뇌 망념에서 벗어난 경지를 내포하는 한편, 중생들을 위해 함이 없는 보살행을 실천함을 포함하고 있다. 선사는 자신의 무심을 회복하기 위해서는 모든 것을 놓으라고 한다.

무심의 공덕행이라는 것은, 무심의 공덕법행功德法行이라는 이 자체는, 내 몸이 항아리라면 항아리에서 벗어나야 이 몸을 자유스럽게 굴리듯이, 수레를 끌려면 수레 밖으로 벗어나서 소가 끌어야 수레가 구르듯이. 우리가 이것을 알고 넘어가야 하고, 믿으면 모든 일체를 다 맡겨 놓을 수가 있다는 겁니다. 그건 왜? 원통에서 나오는 건 뭐든 원통에다 도로 맡겨 놓으면 용광로와 같아서 만 가지 생산이 나오고 만 가지 생산이 드니, 이것은 바로 여여함의 공덕법행이 아니겠습니까?

위에서 일체를 원통에다 맡기면 무심이 됨과 동시에 공덕 법행이 이루어진다고 하였다. 앞에서 우리는 본래 무심행을 하고 있는데 우리들 스스로가 그것을 몰라 무심행을 실천하지 못하기 때문에 원통, 즉 주인공에 놓으라고 하고 있다. 선사는 또한 오신통을 자유롭게 쓸 수 있다 하여도 그것은 도가 아니기에 그것마저 놓아야 진정한 육신통, 즉 무심행이 된다고 하였다.

이상과 같이 선사는 무심관에 대해 차제적인 내용으로 설하였다. 다시 말해 진정한 무심행이 되기 위해서는 나를 발견하고 둘 아닌 도리를 알고 나야 가능하다고 말한다. 그러면서 무심행을 회복하기 위해 주인공에 맡겨 놓으라고 강조한다.

한편 선사는 무심에 대해 설하기를 깨달음에 상관없이 우리들은 본래부터 무심의 행을 실천하고 있는데 그것을 모를 뿐이라고 하였다. 그러면서 일체가 무심한 상태이기 때문에 그대로 행을 하게 되면 무심의 법행이 된다고 하였다. 또한 무심한 상태로 만들어야지 하는 생각을 일으키게 되면 이미 무심한 상태가 아니라고 설한다. 이와 관련하여 『무문관』에서 남전보원(南泉普願, 748~834)과 조주종심(趙州從諗, 778~897)의 문답에서 평상심은 헤아리면 곧 어긋나므로 다만 도에 사무치기만 하면 된다고 하였다.

이러한 선사의 무심사상은 마조의 평상심과도 일치하다고 볼 수 있다. 마조는 '자신의 마음이 곧 부처임을 믿고 평상심으로 살아가면서 어디에도 집착하지 말라.'고 강조했다. 선사도 마찬가지로 무심행을 할 것을 강조하면서 중생이라는 생각에서 깨달아야 하겠다는 생각, 심지어는 무심행을 해야겠다는 생각조차 일으키지 말고 단지 간절함만을 강조한다. 그러므로 선사는 이러한 무심행을 범부들도 일상생활에서 실천할 수 있다고 하였다.

하는 것도 없고, 그대로 내가 배고프면 그냥 밥 달래 먹고, 또 소화가 됐으면 똥 누고, 잠자고 싶으면 잠자고, 모든 것을 여여하게 그대로 무심으로 그대로 살라 이겁니다. 자기가 무심으로 사는데도 생활을 허는데 여러분이 계신 자리가 바로 여래의 집이니, 그 집에서 바로 사는데 이런 게 이런 게 들더라 그러면 남도 이런 게 이런 게 들더라 하는 걸 알아야죠. 그렇기 때문에 무심으로서 내가 지금 사는 것이 이러니까 남도 바로 나니까 아, 무심으로서의 시주를 하게 되고 무심으로서 갖다 놓게 된다면 그게 어디로 가겠습니까. 자기한테로 다 가는 건데, 어째서 자기 쓰기 위해서 쓴 거를 남을 쓰게 해줬다고 생각을 하겠습니까.

이와 같이 우리들 일상생활에서 배고프면 밥 먹고, 졸리면 자고, 소화되면 용변을 보듯이 자연스러운 삶을 전개해 나가는 것이 무심의 행이다. 이렇듯이 모든 것에 집착을 두지 않게 되면 자연스럽게 무심행이 된다. 그러므로 선사는 무심으로 상이 없이 하게 될 때 무주상 보시가 되며, 거기에는 물질적인 것뿐만 아니라 마음을 한생각 내어주는 자비심도 무주상보시가 될 수 있으며 이러한 것이 바로 공덕이 된다고 설하였다. 우리가 무심이 된 상태에서는 포괄적인 마음에서 무궁무진한 힘이 나오는 것이기에 생각나면 그대로 행이 된다고 한다.

이처럼 깨달음에 상관없이 우리가 무심한 마음이 되었을 때 한마음이 되며, 무심의 상태에서 물질적인 보시이든 정신적인 보시이든 그것은 무한량의 공덕이 되며 이러한 삶이 임제가 말하는 활조活祖의 삶, 즉 주인공의 삶인 것이다.

선사는 우리가 무심행을 그대로 하고 있다는 것을 자각하고 그대로 행하면 된다고 하였다. 여기서 무심행은 깨닫고 못 깨닫고를 떠나 그대로 무심의 삶을 실천할 수 있는 것을 말한다. 이는 조사들이 강조한 무심행과 상통하고 있다. 앞에서 살펴본 선사의 세 가지 관법을 보면, 지켜보는 방법과 지켜보는 내용으로 구분해볼 수 있다. 먼저 **지켜보는 방법을 보면 일심관, 불이관, 무심관이 내용상으로 어떤 차이가 있는 것이 아니다.** 선사는 '관함에는 고정됨이 없다.'라고 하였는데, 그 의미는 관함에 있어서 깨닫고 못 깨닫고를 떠나 상황에 따라 '일심관', '불이관', 그리고 '무심관'을 고정됨이 없이 할 수 있다고 하였다.

다음으로 **관법을 점차적인 내용으로 보면, 선사는 누구나가 무심의 행을 할 수 있지만 중생들 스스로가 집착함으로 인해 무심관과 무심행을 실천할 수 없다고 한다.** 이치적으로 보면, 우리는 본래 무심으로 놓고 가고 있는데 중생들은 그것을 몰라 집착하게 되고 번민하게 된다는 것이다. 그러므로 무심을 회복하기 위한 단계 없는 단계를 밟고 가는 수행이 필요한데, 그 방편으로 처음에는 나를 발견하기 위해 일체를 오로지 일심으로 주인공에 놓고 지켜본다. 지켜보면서 체험하다 보면 참나를 발견하게 되고, 그 다음에는 '둘 아닌 도리'를 실천하기 위해 일체를 나와 둘 아니게 여기면서 놓고 지켜보아야 한다. 그리고 이러한 둘 아닌 도리가 능숙하게 실천되었을 때 일체 모든 것에 무심으로 관해 나가면서 보살행을 실천할 수 있다고 본다. 이러한 관함은 크게 두 가지로 분류할 수 있는데, 여기서는 관법의 차제적인 내용에 더 중점을 두고 있다고 볼 수 있다.

한마음선원에 있는 출가제자는 물론 재가제자들도 선사가 제시한 관법수행을 일상생활에서 적용하도록 한다. 그 예로 한마음과학원에서는 관법수행을 바탕으로 공생실천과정을 어린이에서 노년층까지 다양한 프로그램을 진행하고, 거기에서 대표적인 사례를 모아 책으로 출간하기도 한다.

앞에서 살펴본 관법수행의 실천사항 이외에도 선사는 마음공부를 하는 데 있어서 일체를 내 탓으로 보아야 하며, 나라는 상을 세우지 말고 하심해야 하며, 그리고 고정관념의 벽을 허물어야 하는 등 수행인으로 꼭 유의하여야 할 사항을 설하였다.

청강

2004년 기본선원을 졸업하고, 봉암사, 법주사 등에서 10안거를 성만하였다.
동국대학교 대학원 선학과에서 박사학위를 취득하였으며, 저서로『대행선사의 수행법 연구』가, 논문으로「『진심직설』에서 각찰과 휴헐의 의미와 수행방법」등이 있다.

대행선사의 관법수행

초판 1쇄 발행 2018년 9월 14일 | **초판 2쇄 발행** 2018년 11월 13일
지은이 청강 | **펴낸이** 김시열
펴낸곳 도서출판 운주사

   (02832) 서울시 성북구 동소문로 67-1 성심빌딩 3층
   전화 (02) 926-8361 | **팩스** 0505-115-8361
ISBN 978-89-5746-524-0 03220 값 6,000원
http://cafe.daum.net/unjubooks 〈다음카페: 도서출판 운주사〉